新能源汽车电机驱动系统

主　编　祝存栋　黄　平
副主编　郭文彬　黄　伟
参　编　孙成宁　蔡月萍　余鑫昌
　　　　赵怀钰　包文泉　李互财

電子工業出版社
Publishing House of Electronics Industry
北京·BEIJING

内 容 简 介

"新能源汽车电机驱动系统"是新能源汽车检测与维修技术专业的一门专业核心课程。本书针对与新能源汽车相关的维修及服务类岗位，以培养动力系统拆装、故障检修的职业能力为重点，进行了基于工作的内容开发与设计，充分体现了职业性、实践性和开放性的要求。本书主要培养学生的职业岗位基本技能，通过真实任务驱动的教学活动，使学生具备新能源汽车维修技能，具备较好的学习能力和实践能力，培养学生诚实、守信、善于沟通和合作的品质，以及环保节能和安全防护的意识。通过本书的学习，使学生掌握新能源汽车中的几种电机——直流电机、交流感应电机、永磁同步电机和新型电机的结构、原理与应用，以及新能源汽车驱动电机的控制方法。结合实际工作任务，培养学生对所学专业知识的兴趣，养成自主学习与探究学习的良好习惯，从而能够解决专业技术工作所遇到的实际问题，并养成良好的工作方法、工作作风和职业道德。

本书既适用于高等职业院校中学习汽车相关专业的学生，也适用于对新能源汽车怀有浓厚兴趣的爱好者。

未经许可，不得以任何方式复制或抄袭本书之部分或全部内容。
版权所有，侵权必究。

图书在版编目（CIP）数据

新能源汽车电机驱动系统 / 祝存栋，黄平主编.
北京：电子工业出版社，2024.12. -- ISBN 978-7-121-49370-6
Ⅰ.U469.720.3
中国国家版本馆 CIP 数据核字第 20244ZT905 号

责任编辑：张　豪
印　　刷：中国电影出版社印刷厂
装　　订：中国电影出版社印刷厂
出版发行：电子工业出版社
　　　　　北京市海淀区万寿路 173 信箱　邮编：100036
开　　本：787×1092　1/16　印张：9　字数：219 千字
版　　次：2024 年 12 月第 1 版
印　　次：2024 年 12 月第 1 次印刷
定　　价：42.00 元

凡所购买电子工业出版社图书有缺损问题，请向购买书店调换。若书店售缺，请与本社发行部联系，联系及邮购电话：(010) 88254888，88258888。

质量投诉请发邮件至 zlts@phei.com.cn，盗版侵权举报请发邮件至 dbqq@phei.com.cn。
本书咨询联系方式：qiyuqin@phei.com.cn。

前　　言

　　本书是基于工作过程的，是以学生为主体，以行动为导向，以校企合作为依托，以专业教室和实训中心为支撑而构建的。在教学方法上，要以培养学生的综合职业能力为目标。本书采用的教学方法有任务驱动法、角色扮演法、头脑风暴法、小组讨论式教学法、演示和讲解法等。本书分为四个模块，主要内容包括电机驱动系统基础知识、常用驱动电机、功率变换器技术和电机驱动系统的检修。

　　本书对应的课程是在"新能源汽车认知与使用""电动汽车基本结构及原理"等课程的基础上开设的一门综合性较强的核心课程，其任务是使学生掌握新能源汽车各类电机的结构及其控制方法，培养学生对新能源汽车常用电机的结构和工作原理分析及对控制系统检修的能力；对学生进行职业意识的培养和职业道德的教育，提高学生的综合素质与职业能力，增强学生适应职业变化的能力，为学生职业生涯的发展奠定基础。

　　由于编者水平有限，书中难免存在不足和疏漏之处，敬请广大读者批评指正。

目　　录

模块一　电机驱动系统基础知识 1

　任务一　电机驱动系统的基础知识 1
　任务二　电机驱动系统的结构及关键技术 6
　　1.2.1　电机驱动系统的结构 6
　　1.2.2　电机驱动系统的关键技术 7
　任务三　高压安全与防护技术 11
　　1.3.1　高压安全防护用具 11
　　1.3.2　触电对人体的危害 13
　　1.3.3　高压触电急救方法 14
　　1.3.4　驱动电机高压绝缘检测 18
　任务四　电机控制器 19
　　1.4.1　电机控制器的类型及构造 19
　　1.4.2　电机控制器冷却系统 21
　　1.4.3　电机控制器的工作原理 24

模块二　常用驱动电机 27

　任务一　直流电机 27
　　2.1.1　直流电机的类型及构造 27
　　2.1.2　直流电机的拆装 33
　　2.1.3　直流电机的工作原理 34
　　2.1.4　直流电机的性能特点 39
　任务二　交流异步电机 41
　　2.2.1　交流异步电机的类型及构造 41
　　2.2.2　交流异步电机的拆装 46
　　2.2.3　交流异步电机的工作原理 48
　　2.2.4　交流异步电机的性能特点及检测 51
　　2.2.5　交流异步电机是如何进行制动的 56

任务三　永磁同步电机 ··· 57
- 2.3.1　永磁同步电机的类型及构造 ··· 57
- 2.3.2　永磁同步电机的拆装 ·· 60
- 2.3.3　永磁同步电机的工作原理和控制技术 ······································ 61
- 2.3.4　永磁同步电机的性能特点及检测 ··· 62

任务四　新型电机 ··· 66
- 2.4.1　轮毂电机的构造 ·· 66
- 2.4.2　轮毂电机的工作原理 ·· 69
- 2.4.3　轮毂电机的控制策略 ·· 71
- 2.4.4　混合励磁电机的工作原理 ··· 73
- 2.4.5　混合励磁电机的构造 ·· 76
- 2.4.6　混合励磁电机的控制策略 ··· 79

任务五　旋转变压器 ··· 83
- 2.5.1　旋转变压器的类型及构造 ··· 83
- 2.5.2　旋转变压器的工作原理和工作电路 ·· 86
- 2.5.3　旋转变压器的性能检测 ··· 88

模块三　功率变换器技术 ··· 91

任务一　电力半导体器件 ··· 91
- 3.1.1　电力二极管 ·· 91
- 3.1.2　整流电路 ··· 95

任务二　绝缘栅双极型晶体管 ·· 98

任务三　DC-AC 功率变换器 ··· 101

任务四　DC-DC 功率变换器 ··· 103
- 3.4.1　DC-DC 功率变换器的组成 ··· 103
- 3.4.2　DC-DC 功率变换器的工作原理 ·· 106
- 3.4.3　升压充电技术 ·· 107

模块四　电机驱动系统的检修 ··· 111

任务一　驱动电机不运转故障诊断 ··· 111
- 4.1.1　驱动电机不运转的故障诊断 ·· 111
- 4.1.2　驱动电机电源故障 ··· 112
- 4.1.3　驱动电机自身故障 ··· 112
- 4.1.4　电机控制器故障 ··· 113
- 4.1.5　其他控制单元及元件故障引起电机控制系统功能性保护 ············· 113
- 4.1.6　驱动电机位置传感器的检测 ·· 113

  4.1.7 电路导通性测试 …………………………………………………………… 114
任务二 驱动电机功率不足故障诊断 ………………………………………………… 115
  4.2.1 驱动电机功率不足的故障诊断 …………………………………………… 115
  4.2.2 驱动电机电源故障 ………………………………………………………… 116
  4.2.3 驱动电机自身故障 ………………………………………………………… 116
  4.2.4 电机控制器故障 …………………………………………………………… 116
  4.2.5 其他控制单元及元件故障引起电机控制系统功能性保护 …………… 117
任务三 驱动电机间歇性工作故障诊断 ……………………………………………… 117
  4.3.1 驱动电机间歇性工作的故障诊断 ………………………………………… 118
  4.3.2 驱动电机插接件故障 ……………………………………………………… 118
  4.3.3 电机控制器插接件故障 …………………………………………………… 118
任务四 驱动系统温度异常故障诊断 ………………………………………………… 118
  4.4.1 驱动系统温度异常的故障诊断 …………………………………………… 119
  4.4.2 驱动电机自身温度异常 …………………………………………………… 119
  4.4.3 电机控制器温度异常 ……………………………………………………… 119
  4.4.4 驱动电机温度传感器的检测 ……………………………………………… 120
任务五 高压上电异常故障诊断 ……………………………………………………… 121
任务六 换挡异常故障诊断 …………………………………………………………… 125
任务七 加速异常故障诊断 …………………………………………………………… 128
任务八 冷却控制异常故障诊断 ……………………………………………………… 131
任务九 高压绝缘检测 ………………………………………………………………… 133

参考文献 ………………………………………………………………………………… 136

模块一 电机驱动系统基础知识

任务一 电机驱动系统的基础知识

电机的发展历史

1820年，丹麦物理学家奥斯特发现了电流磁效应；1821年，英国物理学家法拉第发现通电的导线能绕永久磁铁旋转，以及磁体能绕载流导体转动，第一次实现了电磁运动向机械运动的转换；1822年，法国的阿拉戈和盖-吕萨克发明了电磁铁；1825年，英国物理学家斯特金用16圈导线制成了第一块电磁铁；1831年，美国电学家亨利试制出了一块更新的电磁铁；1832年，斯特金发明了换向器；1832年，法国科学家皮克西在巴黎公开展示了一台永久磁铁型旋转式交流发电机；1845年，英国惠斯通用电磁铁代替了永久磁铁并取得专利权；1854年，丹麦的赫尔特发明了自激式发电机；1857年，英国的惠斯通发明了自激式电磁铁型发电机；1860年，意大利的L.奇诺蒂发明了齿状电枢；1865年，意大利物理学家帕斯努梯发明了环状发电机电枢；1873年，英国物理学家麦克斯韦完成了经典电磁理论奠基之作《电和磁》；1875年，比利时的格拉姆将改造后的发电机安装在法国巴黎北火车站发电厂，该厂是世界上第一座火电厂；1880年，爱迪生观察到用叠片铁心可以降低电枢绕组的温升、减少铁心损耗；1889年，多利沃-多布罗沃利斯基提出了两相制71制成鼠笼式交流异步电动机；1902年，瑞典工程师丹尼尔森首先提出了同步电动机的构想。

1. 电机驱动系统相关的术语和定义

（1）电机驱动系统：通过有效的控制策略将动力电池提供的直流电转换为交流电，控制电机的正转与反转。在减速/制动时再将电机发出的交流电转换为直流电，将能量回收给动力蓄电池或者提供给超级电容器等储能设备，以备二次制动使用。

电机驱动系统

（2）驱动电机：将电能转换成机械能，为汽车行驶提供驱动力的电气装置，该装置也具备将机械能转换成电能的功能。

驱动电机基础知识

驱动电机

（3）电机控制器：控制动力电源与驱动电机之间能量传输的装置，该装置由控制信号接口电路、驱动电机控制电路和直接驱动电路组成。

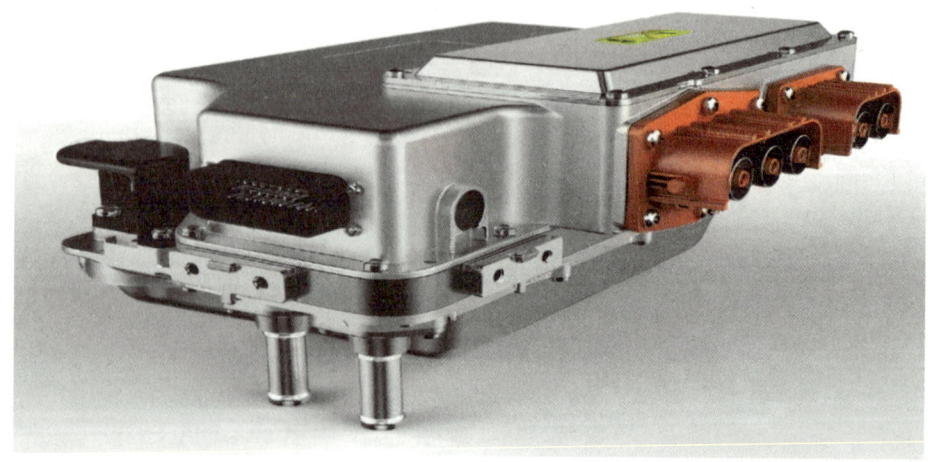

电机控制器

（4）直流母线电压：电机驱动系统的直流输入电压。

（5）额定电压：直流母线的标称电压。

（6）最高工作电压：直流母线电压的最高值。

（7）输入输出特性：表示驱动电机、电机控制器或电机驱动系统的转速、转矩、功率、效率、电压、电流等参数间的关系。

（8）持续转矩：规定的最大、长期工作的转矩。

（9）持续功率：规定的最大、长期工作的功率。

（10）工作电压范围：电气设备能够正常工作的电压范围。

（11）转矩和转速特性：转速特性一般用于形容频率，转矩特性用于确定电压上升。

（12）峰值转矩：驱动电机能达到的并可以短时工作而不出现故障的最大转矩值。

（13）堵转转矩：转子在所有角位堵住时所产生的最小转矩。

（14）最高工作转速：驱动电机在达到最高功率时呈现出来的对应转速。

2. 电动汽车的驱动电机分类

电动汽车是新能源汽车中的一个重要类型，它的驱动电机分为有刷电机和无刷电机两大类。有刷电机再细分为永磁直流电机和电磁直流电机；其中电磁直流电机又分为串励直流电机、并励直流电机、他励直流电机。无刷电机再细分为异步电机、同步电机、永磁无刷电机和开关磁阻电机；其中异步电机又分为感应式异步电机和绕线式异步电机，同步电机又分为电励磁同步电机、永磁同步电机、磁阻式同步电机。

3. 电动汽车的驱动布置形式

（1）传统驱动布置形式：结构复杂，效率低，不能充分发挥驱动电机的性能。现在的电动汽车很少采用这种布置形式。

（2）电机与驱动桥组合驱动布置形式：机械传动结构紧凑，传动效率较高，便于安装，但这种驱动布置形式对驱动电机的调速要求较高。按传统汽车的驱动模式来说，可以有驱动电机前置—驱动桥前置和驱动电机后置—驱动桥后置两种方式。电机与驱动桥组合驱动布置形式具有良好的通用性和互换性，便于在现有的汽车底盘上进行安装，使用、维修也较方便。

电机与驱动桥组合驱动布置形式

（3）电机与驱动桥集成驱动布置形式：把驱动电机、固定速比减速器和差速器集成为一个整体，并与驱动轴同轴，通过两根半轴驱动车轮。

电机与驱动桥集成驱动布置形式

（4）轮边电机驱动布置形式：可以独立地调节和控制每个电机的转速，通过电子差速器来解决左右半轴的差速问题，使得电动汽车更加灵活，在复杂的路况上可以获得更好的整车动力性能。此外，电子差速器的应用进一步缩小了传动系统的体积，大幅节省了车内空间，同时也减轻了传动系统的重量，提高了传动效率。

轮边电机驱动布置形式

（5）轮毂电机驱动布置形式：把电机设计成饼状，直接安装在车轮的轮毂中，电机的一端直接与汽车轮毂固定在一起，另一端直接安装在悬架上。这种驱动布置形式进一步缩短了电机和车轮之间的机械传动距离，并节省了空间。

轮毂电机驱动布置形式

4．电机驱动系统组成

电机驱动系统一般由驱动电机、功率变换器、传感器、电机控制器、整车控制器等组成。

5．驱动电机型号命名

驱动电机型号由驱动电机类型代号、尺寸规格代号、信息反馈元件代号、冷却方式代号、预留代号五部分组成。

任务二　电机驱动系统的结构及关键技术

1.2.1　电机驱动系统的结构

电机驱动系统
的结构

学习目标：

1. 了解驱动电机的基本结构
2. 了解电机控制器的功能
3. 能对驱动电机的结构进行分析

一体化电机驱动系统

第一个知识点：驱动电机基本结构

　　驱动电机是电动汽车的主要动力源，它向外输出转矩，驱动汽车前进或后退。根据汽车的不同运行状态，电动汽车的驱动电机具有电力驱动和能量回收两种工作模式。当汽车采用电力驱动时，动力电池的高压直流电输送至电机控制器，电机控制器将直流电转换为交流电并输送给驱动电机，驱动电机运转时产生的转矩传递给驱动轮使汽车行驶。

　　在能量回收时，通过车轮的旋转带动驱动电机转动。此时驱动电机转换为发电机，由电机控制器将驱动电机产生的交流电转换为直流电，然后向动力电池充电。

　　电动汽车的驱动电机除了常见的定子、转子，还有冷却水道、旋转变压器、高压接线盒等其他部件。

模块一　电机驱动系统基础知识

驱动电机基本结构

第二个知识点：电机控制器的功能

电机控制器（MCU）是电机驱动系统的控制中心，又称智能功率模块。电机控制器对主传感器、电压传感器、温度传感器等输入信号进行处理，并将电机驱动系统的运行状态通过CAN总线发送给整车控制器。

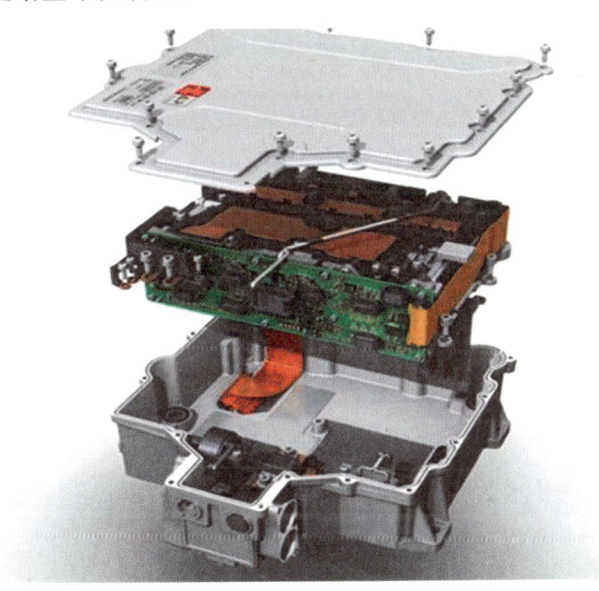

电机控制器

请同学们完成下面的思考题：
电机驱动系统的组成与工作原理是什么？

1.2.2　电机驱动系统的关键技术

学习目标：

1. 掌握电机驱动系统的功能和工作条件

电机驱动系统的关键技术

— 7 —

2. 掌握电机驱动系统高压电路
3. 掌握电机驱动系统工作原理

第一个知识点：电机驱动系统的功能和工作条件

（1）电机驱动系统是电动汽车三大核心部件之一，是汽车行驶的主要执行机构，其特性决定了汽车的主要性能指标，直接影响汽车动力性、经济性和用户驾乘感受。其中，整车控制器（VCU）根据驾驶员的意图发出各种指令，电机控制器响应并反馈，实时调整驱动电机输出。电机控制器的主要功能包括：① 怠速控制（缓行）；② 前进；③ 倒车；④ 交流转直流；⑤ 驻坡；⑥ 通信和保护。

电机驱动系统

（2）电机控制器是电机驱动系统的控制中心（智能功率模块），以IGBT（绝缘栅双极型晶体管）模块为核心，辅以驱动集成电路、主控集成电路、故障诊断电路。

电机控制器内置传感器用来提供电机驱动系统的工作信息，包括电流传感器、电压传感器、温度传感器。

（3）电机驱动系统工作必须满足以下条件：

① 高压电源输入正常（一般绝缘电阻大于或等于20MΩ）；

② 低压12V电源供电正常（电压范围为9～16V）；

③ 与整车控制器通信正常；

④ 电容放电正常；

⑤ 旋转变压器信号正常；

⑥ 三相交流输出电路正常，驱动电机及电机控制器温度正常，开盖保持开关信号正常。

第二个知识点：电机驱动系统高压电路

通常电动汽车整车共分为5段高压线束。

（1）动力电池高压电缆：连接动力电池和高压配电盒的线束。

（2）电机控制器电缆：连接高压配电盒和电机控制器的线束。

（3）快充线束：连接快充口和高压配电盒的线束。

（4）慢充线束：连接慢充口和车载充电机的线束。

（5）高压附件线束。

第三个知识点：电机驱动系统工作原理

1. 电机控制器工作原理

在电机驱动系统中，驱动电机的输出动作主要是靠控制单元给定的命令执行的，即电机控制器输出命令。电机控制器主要是将输入的直流电逆变成电压、频率可调的三相交流电，供给配套的驱动电机使用；其通过有效的控制策略，控制动力总成以最佳的方式协调工作。

2. 驱动过程工作原理

当驱动电机驱动汽车前行或倒退时，动力电池通过PDU（电源分配单元）将高压直流电输向电机控制器，电机控制器将动力电池的高压直流电逆变为三相交流电，供给驱动电机，从而驱动汽车。

3. 能量回收过程工作原理

能量回收系统

当汽车减速或制动时，驱动电机转变为发电机，向电机控制器输送三相交流电，电机控制器将驱动电机输送过来的三相交流电转换成稳定的直流电，再通过高压控制盒输送到动力电池，为动力电池充电。

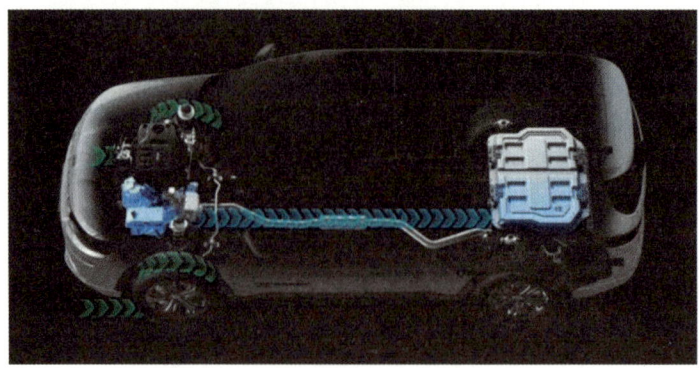

能量回收示意图

4. 电机控制系统工作原理

电机控制系统以驾驶员的操作意图为输入，经整车控制器（VCU）转换成控制信号提供给电机控制器，电机控制器响应并反馈，控制驱动电机的输出转矩，从而使电动汽车以驾驶员预期的状态行驶。当电机控制器同时收到制动信号和加速信号时，则以制动信号优先。当汽车行驶时，电机驱动系统可将储存在动力电池中的电能高效地转换为车轮的机械能，并能够在汽车减速或制动时，将车轮的机械能转换为电能充入动力电池中。在能量转换和传递的过程中，驱动电机和电机控制器会产生大量的热量，电机冷却系统可将热量及时带走，使它们始终处于正常的温度范围内。

5. 汽车减速/制动状态（机械能转换为电能）

当汽车减速/制动时，汽车能够进行能量回收，此时电机转变为发电机，将汽车的一部分机械能转换为电能。与此同时，电机控制器接收整车控制器的控制信号，将输入的三相交流电整流为直流电储存到动力电池中。能量回收模式的条件是：在当前挡位处于D（前进）或E（ECO模式）位置时，松开加速踏板或踩下制动踏板。

制动能量回收示意图

请同学们完成下面的思考题：
电机驱动系统的组成和工作原理是什么？

模块一　电机驱动系统基础知识

任务三　高压安全与防护技术

1.3.1　高压安全防护用具

高压安全防护用具

学习目标：

1. 熟悉高压安全警告标识
2. 正确使用个人安全防护装备——绝缘手套
3. 正确使用个人安全防护装备——护目镜
4. 正确使用个人安全防护装备——绝缘安全鞋
5. 正确使用个人安全防护装备——绝缘安全帽
6. 正确使用个人安全防护装备——非化纤工作服
7. 正确选择和使用灭火器

第一个知识点：高压安全警告标识

在高压维修工位或汽车、高压部件附近放置明显的警告标识，防止无关人员进入工位或触摸高压部件，避免发生触电事故。

高压安全警告标识

第二个知识点：个人安全防护装备——绝缘手套

在拆卸及安装高压部件时要使用绝缘手套。绝缘手套具备两种性能：（1）能够承受1000V以上的工作电压；（2）具备抗酸碱性。

绝缘手套

第三个知识点：个人安全防护装备——护目镜

护目镜除了正面防护眼睛，还具有侧面防护的功能，防止维修过程中产生的电火花，以及动力电池的电解液对眼睛造成伤害。在使用护目镜前应检查其外观是否破损。

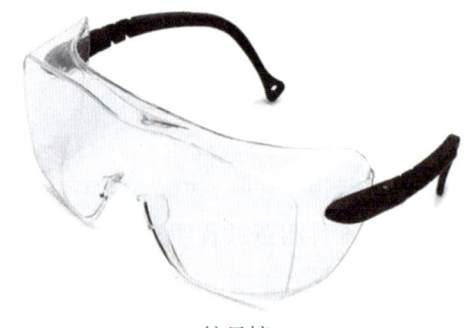

护目镜

第四个知识点：个人安全防护装备——绝缘安全鞋

绝缘安全鞋的作用是使人体与地面绝缘，防止电流通过人体与大地之间构成通路，对人体造成电击伤害，把触电时的危险降低到最低程度，因为触电时的电流是经接触点通过人体流入地面的，所以在进行高压电气作业时不仅要戴绝缘手套，还要穿绝缘安全鞋。

绝缘安全鞋

第五个知识点：个人安全防护装备——绝缘安全帽

在举升汽车、拆卸及安装动力电池时应戴绝缘安全帽，保护头部安全。在使用前应检查其外观是否破损，固定装置是否正常。

绝缘安全帽

第六个知识点：个人安全防护装备——非化纤工作服

在维修高电压系统时，必须穿非化纤类（纯棉等非化工合成材质）的工作服。化纤类的工作服会产生静电，并且当发生火灾事故时，化纤会在高温环境下粘连人体皮肤，对维修人员造成严重的二次伤害。

第七个知识点：灭火器

不同的国家和地区对灭火器的分类略有不同，但基本上是按火灾的种类进行分类的。

A类：含碳可燃固体之火警，如木、草、纸张、塑胶、橡胶；

B类：可燃液体之火警，如汽油、柴油、机油；

C类：可燃气体之火警，如石油气、天然气、乙炔、甲烷；

D类：可燃固体金属之火警，如镁、铜、铁、铝；

E类：通电物体之火警，指带电物体和精密仪器等设备的火灾。

按照上述分类，电动汽车的火灾类型属于E类火灾，需要使用满足电气绝缘要求的灭火器来扑灭。

灭火器的选用，必须基于实际场景与火灾类型。注意绝对不能用酸碱灭火器或泡沫灭火器，因其灭火药液有导电性，并且酸碱药液会强烈腐蚀电气设备，事后不易被清除。

请同学们完成下面的思考题：

如何使用灭火器？

1.3.2 触电对人体的危害

学习目标：

1. 掌握触电对人体的危害

触电对人体的危害

2. 了解影响触电后果的因素
3. 了解电流种类、电源频率对人体伤害的程度
4. 了解人体电阻高低的影响

第一个知识点：掌握触电对人体的危害

触电危害表现为多种形式。电流通过人体内部器官，会破坏人的心脏、肺部、神经系统等，使人出现痉挛、呼吸窒息、心室纤维性颤动、心脏骤停甚至死亡。当电流通过体表时，会对人体外部造成局部伤害，即电流的热效应、化学效应、机械效应对人体外部组织或器官造成伤害，如电灼伤、金属溅伤、电烙印。

第二个知识点：了解影响触电后果的因素

通过人体的电流越大，热的生理反应和病理反应越明显，引起心室颤动所需的时间越短，致命的危险性越大。在一般情况下，30mA为人体所能承受而无致命危险的最大电流，即安全电流。电流通过人体的持续时间越长，人体电阻由于出汗、击穿、电解而下降，体内积累的局外电能越多，中枢神经反射越强烈，且可能与心脏易损期重合，对人体的危险性越大。较大的电流还会使心脏即刻停止跳动，在触电时，电流通过"手—胸—脚"的通路较为危险，从一只脚到另一只脚的危险性较小。电流纵向通过人体要比横向通过人体更容易发生心室颤动，因此危险性更大一些。当电流通过中枢神经系统时，会引起中枢神经系统失调而造成呼吸抑制，甚至导致死亡。电流通过头部，会使人昏迷，严重时会造成死亡。

第三个知识点：对人体的伤害程度

相对于220V交流电来说，常用的50～60Hz工频（工业用电的频率）交流电对人体的伤害较为严重，频率偏离工频越远，交流电对人体的伤害越轻。在直流和高频的情况下，人体可以耐受更大的电流值，但高压且高频的电流对人体依然是十分危险的。

第四个知识点：了解人体电阻高低对人体的伤害程度的影响

当人体触电时，流过人体的电流（当接触电压一定时）是由人体的电阻值决定的，人体电阻越小，流过人体的电流越大，也就越危险。人体电阻包括体内电阻和皮肤电阻。体内电阻基本上不受外界影响，其数值一般不低于500Ω。皮肤电阻随条件不同而有很大的变化，使人体电阻也在很大范围内有所变化。一般人的平均电阻值是1000～1500Ω。

请同学们完成下面的思考题：

触电后我们应该怎样急救？

1.3.3 高压触电急救方法

学习目标：

1. 能够描述人体触电的基本形式
2. 能够描述触电后的急救基本理论与方法

高压触电急救方法

3. 能够执行触电事故的处理与急救

第一个知识点：人体为什么会触电

直流电与交流电都会对人体造成伤害，但是交流电对人体的伤害程度约只有直流电的一半。

但是，由于交流电存在50Hz的交变频率，其交变系数接近于人体的心脏跳动频率，很容易导致心脏跳动紊乱，因此，也有人认为交流电的危害更甚于直流电。

第二个知识点：如果发生了触电事故，应该如何处理

如果不幸发生了人员触电事故，在援救触电事故中的受伤人员时，救援人员自身的安全是第一位的，绝对不要去触碰仍然与电源有接触的人员。

人体触电以后，抢救触电者的首要步骤就是使触电者尽快脱离电源。在进行施救的同时，应请人立即拨打120急救电话，求助专业的救援。

援救触电事故中的受伤人员

当触电者脱离电源后，应根据触电者的具体情况迅速对症救护，力争在触电后的1分钟内进行救治。根据国内外的急救资料，触电后在1分钟内进行救治的，90%以上有良好的效果，而出现心脏停止跳动且超过12分钟再实施救治的，基本无救活的可能。现场应用的主要方法是口对口人工呼吸法和体外心脏按压法等，此时严禁打强心针。

第三个知识点：常用的触电急救方法

（1）情形1：神志尚清醒，但心慌力乏，四肢酸软或麻木。

在这种情形下，一般只需将其扶到清凉通风处休息，让其慢慢恢复即可。但要派专人照料、看护，因为曾有人在触电几小时后发生病变而突然死亡。

专人照料护理

（2）情形2：有心跳，但呼吸停止或较微弱。

在这种情形下，一般采用口对口人工呼吸法进行急救。可以按下述口诀进行操作，频率是每分钟约12次。清理口腔、防气道堵塞，鼻孔朝天、头略后仰；贴嘴吹气胸扩张，放开口鼻换气畅。

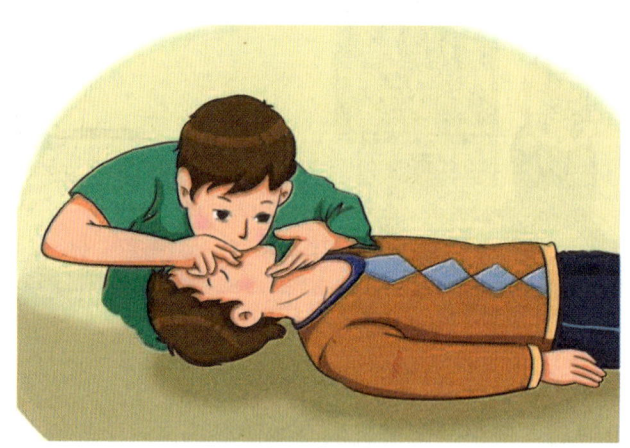

人工呼吸法

（3）情形3：有呼吸，但心跳停止或较微弱。

在这种情形下，一般采用体外心脏按压法来恢复受伤人员的心跳。可以按下述口诀进行操作，频率是每分钟约60～80次。

当胸一手掌，中指对凹腔；掌根用力向下压，压下突然收。

模块一　电机驱动系统基础知识

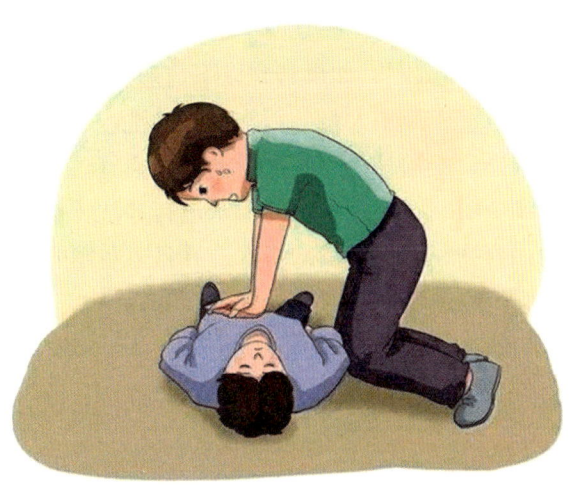

体外心脏按压法

（4）情形4：心跳、呼吸均已停止者。

在这种情形下，该类人员的危险性最大，抢救的难度也最大。一般交替使用以上两种施救方法，亦即采用"心肺复苏"的方法。心肺复苏是指对早期心跳呼吸骤停的患者，通过采取心外按摩、人工呼吸、电除颤等方法帮助其恢复自主心跳和呼吸。高压触电以后，会在短时间内让人体心脏骤停，恰当的、第一时间的心肺复苏可以成功挽救80%以上的触电人员的生命。

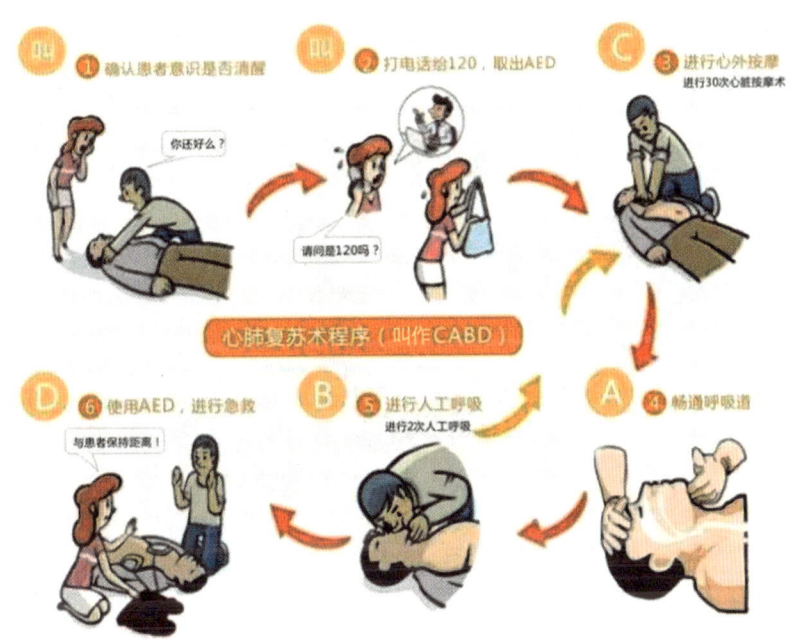

心肺复苏术程序

注：AED是自动体外除颤器的英文缩写。

（5）其他情形。

在发生动力电池破损泄漏事故时，如果遇到以下情形可按要求进行处理：

① 如果皮肤接触了电解液，应用大量的清水进行冲洗。

② 如果吸入了有毒气体，必须马上呼吸大量的新鲜空气。

③ 如果电解液接触到了眼睛，应用大量的清水进行冲洗（至少10分钟）。

④ 如果吞咽了电池内容物，应喝大量的清水，并且避免呕吐。

请同学们完成下面的思考题：

如何进行心肺复苏急救？

1.3.4 驱动电机高压绝缘检测

驱动电机高压绝缘检测

学习目标：

1. 了解新能源汽车驱动电机的作用和工作原理
2. 能正确使用安全防护用品，按技术标准对驱动电机进行检查与维护
3. 能在工作过程中，增强安全、环保、节约意识，为车主提供合理的用车建议

第一个知识点：检查驱动电机注意事项

（1）在检查电机控制器时一定要断开高低压电，在断开插接件时要注意安全。

（2）在对新能源汽车高压部件进行维护作业前，必须做好高压安全防护准备。

（3）佩戴绝缘手套。

（4）穿绝缘安全鞋、防护工作服等。

（5）手腕、身上不能佩戴金属物件，如金银手链、戒指、手表、项链等物品。

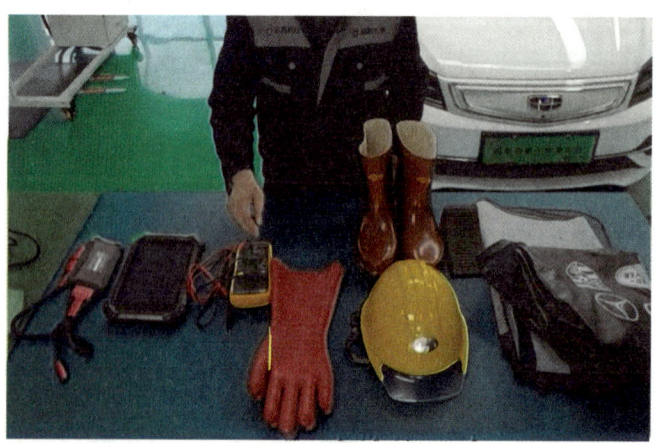

新能源汽车检修所需的设备、工具及防护用品

第二个知识点：操作步骤

（1）检查高压电控总成表面是否有油渍污垢；

（2）检查高压电控总成冷却水管、接头处是否有渗漏；

（3）检查高压电控总成连接器及插接件是否完好，检查DC-DC充电输出端连接器是否正常，检查交流、直流充电插接件是否紧固，检查驱动电机连接器是否紧固，检查空调系统连接器及低压插件是否正常，检查电机控制器附件高压线束有无老化、裂纹现象；

（4）清洁高压电控总成，用高压气枪或干布清除高压电控总成表面的灰尘、油泥，严禁使用水枪对驱动电机及高压部件喷水清洗。

请同学们完成下面的思考题：

在进行驱动电机高压绝缘检测时，个人防护的注意事项有哪些？

任务四　电机控制器

1.4.1　电机控制器的类型及构造

电机控制器的类型及构造

学习目标：

1. 了解电机控制器的组成
2. 了解电机控制器主要部件的功能
3. 熟悉电机控制器的工作条件

第一个知识点：电机控制器的组成

电机控制器主要由接口电路控制主板、IGBT模块、超级电容、放电电阻、电流感应器、壳体水道等组成。

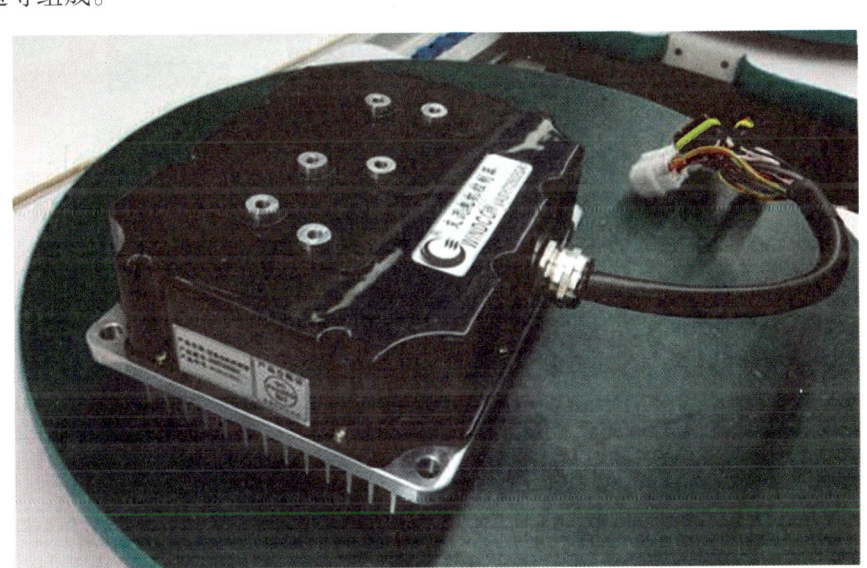

电机控制器实物图

第二个知识点：电机控制器主要部件的功能

（1）接口电路控制主板的功能。

① 与整车控制器通信；

② 监测直流母线电流；

③ 控制IGBT模块；

④ 监控高压线束连接情况（2014年前生产的汽车大多无此功能）；

⑤ 反馈IGBT模块温度；

⑥ 旋转变压器励磁供电；

⑦ 旋转变压器信号分析；

⑧ 信息反馈。

（2）IGBT模块的功能。

① 将信号反馈给电机控制器的控制主板；

② 监测直流母线电压；

③ 直流转换交流及变频；

④ 监测相电流的大小；

⑤ 监测IGBT模块温度；

⑥ 三相整流。

IGBT 模块实物图

（3）超级电容和放电电阻的功能。

① 超级电容：在接通高压电路时，给电容充电，在电机起动时保持电压的稳定；

② 放电电阻：当断开高压电路时，通过电阻给电容放电；当放电电路发生故障时，系统将检测到放电超时，进而触发保护机制，致使高压电路断电。

第三个知识点：电机控制器的工作条件

① 高压电源输入正常（绝缘电阻大于或等于20MΩ）；

② 低压12V电源供电正常（电压范围为9～16V）；
③ 与整车控制器通信正常；
④ 电容放电正常；
⑤ 旋转变压器信号正常；
⑥ 三相交流输出电路正常；
⑦ 驱动电机及电机控制器温度正常；
⑧ 开盖保持开关信号正常。

第四个知识点：电机驱动系统驱动模式

整车控制器根据汽车运行的不同情况，包括车速、挡位、电池SOC（电池荷电状态）值，来决定电机的输出转矩/功率。当电机控制器从整车控制器处得到转矩输出命令时，电机控制器将动力电池提供的直流电转换成三相正弦交流电，驱动电机输出转矩，通过机械传输来驱动汽车。

第五个知识点：电机驱动系统发电模式

当汽车在滑行或刹车制动的时候，整车控制器检测到满足以下条件则发出能量回收指令，IGBT模块输出为0，电机停止工作，驱动车轮通过传动系统使电机转子旋转，此时电机就成了发电机，输出三相正弦交流电，通过IGBT模块转换成直流电向动力电池充电。

起动能量回收的条件如下：
① 加速踏板开度（踏板被踩下的程度）为0或汽车处于制动状态；
② 电池电量＜95%；
③ 动力电池温度＜45℃；
④ 各系统无故障。

请同学们完成下面的思考题：
电机控制器的功能是什么？

1.4.2 电机控制器冷却系统

电机控制器冷却系统维护

学习目标：

1. 了解电机控制器冷却系统的组成
2. 掌握更换冷却液的方法
3. 掌握更换冷却液的注意事项

第一个知识点：电机控制器冷却系统组成

在电动汽车的动力系统中，必须安装冷却系统以提高系统效率。电机控制器将蓄电池等能量储存系统的电能转换为驱动电机的电能，并供给电机的部件。

电机控制器的主要生热器件包括功率半导体器件、电流传感器等，这些功率模块的损耗主要包括晶体管工作时的导通损耗、关断损耗、通态损耗、截止损耗和驱动损耗。

这些功率损耗都会转换成热能，使电机控制器发热。其中最主要的是通态损耗和关断损耗，这两项损耗是电机控制器热量的主要来源。

电机内部由铁心和绕组线圈组成，电机在通电运行时都会有不同的发热现象。绕组线圈有电阻，通电会产生损耗，损耗大小与电阻和电流的平方乘积成正比，这就是我们常说的铜损；除直流电机外，电动汽车电机控制器输出的电流多为方波，不是标准的正弦波，会产生谐波损耗；铁心有磁滞涡流效应，在交变磁场中也会产生损耗，其大小与材料、电流、频率、电压有关，这就是铁损。铜损和铁损都会以发热的形式表现出来，从而影响电机的效率。目前电机控制系统中的冷却系统主要有自然冷却、风冷、水冷等形式。自然冷却是指不采用特别的散热措施，让发热部件通过自身表面与环境空气的作用，或通过相邻部件的传导作用，将热量传送出去，从而达到散热的目的。风冷是指通过空气流过发热部件表面或特别设计的风道，带走发热部件内部所产生的热量。

从结构的复杂性和实现的难易程度来看，对于空间要求不高的通用变频器，风冷冷却系统比水冷冷却系统更简单，更容易实现。在电动汽车的电机控制器冷却系统中，一般采用独立于发动机的冷却系统来冷却驱动电机。

冷却液温度降至低于65℃以冷却混合动力零部件，尤其是逆变器。

通过在汽车上装备高压散热器、带电机的冷却水泵和仅用于混合动力系统的高压散热器储液罐，可冷却逆变器、增压转换器、DC-DC功率变换器和MG1（通常指一号电机或发电机）。通过在发动机散热器前部安装高压散热器并利用相同的冷却风扇系统，可使混合动力系统的冷却系统结构紧凑。

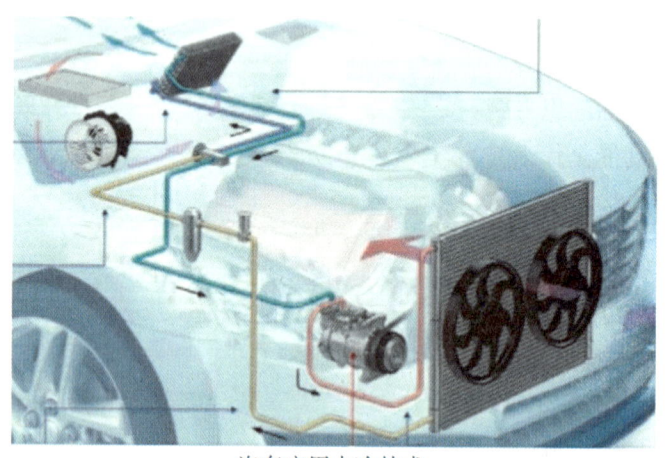

汽车应用水冷技术

第二个知识点：更换冷却液

更换冷却液时的放气步骤如下：

（1）缓慢地向储液罐倒入冷却液，直至达到F刻度线为止。

注意：不要重复使用排放的冷却液，因为其中可能含有异物。

倒入冷却液

（2）使用下列两种方法，操作带电机的冷却水泵。

方法一：进行"Activate the Water Pump"（起动水泵）主动测试。

方法二：将点火开关置于ON位置。

打开点火开关

（3）放气导致冷却液的液位下降，需添加冷却液至F刻度线。

注意：在添加冷却液前，务必将点火开关置于OFF位置。

（4）重复前两步直至放气完成。

（5）正常反应：当冷却水泵产生的噪声变小且储液罐中的冷却液的循环状况得到改善时，电机控制器冷却系统放气完成。

第三个知识点：电机控制器冷却系统的工作原理

电机控制器冷却系统为驱动电机和电机控制器散热，其工作原理如下所述。

（1）冷却水泵控制：在起动汽车时冷却水泵开始工作（即仪表显示READY）。

（2）电机温度控制：当电机控制器监测到驱动电机的温度高于或等于45℃而低于50℃时，冷却风扇低速起动；当温度≥50℃时，冷却风扇高速起动；当温度降至40℃时，冷却风扇停止工作；当温度在120～140℃时，驱动电机降功率运行；当温度≥140℃时，驱动电机降功率至0（即驱动电机停机）。

（3）电机控制器温度控制：当电机控制器监测到散热基板的温度≥75℃时，冷却风扇低速起动；当温度≥80℃时，冷却风扇高速起动；当温度降至75℃以下时，冷却风扇停止工作；当温度≥85℃时，超温保护（即驱动电机停机）；当电机控制器监测到散热基板的温度高于或等于75℃而低于85℃时，驱动电机降功率运行。

第四个知识点：更换冷却液的注意事项

注意：工作时要穿绝缘安全鞋、佩戴绝缘手套。

（1）车内防护：脚垫、座椅套、方向盘套、驻车制动、关闭点火开关并拔出钥匙；

（2）打开机舱盖，铺翼子板布、前格栅布；

（3）记录汽车信息：VIN（车辆识别代码）、生产日期、汽车型号；

（4）根据资料找到冷却系统的组成和各部件的安装位置、线束；

（5）举升汽车：在汽车下方观察冷却系统的组成及安装位置、观察各部件线束的连接及外观状况。

1.4.3　电机控制器的工作原理

学习目标：

1. 了解电机控制器的主要功能
2. 掌握电机控制器的工作原理

电机控制器的
工作原理

第一个知识点：电机控制器的主要功能

电机控制器的主要功能是，控制电机的旋转速度、旋转方向，以及再生能量回收。此外，电机控制器还要对电流传感器、电压传感器、温度传感器等输入信号进行处理，并将电机驱动系统的运行状态通过CAN总线发送给整车控制器。

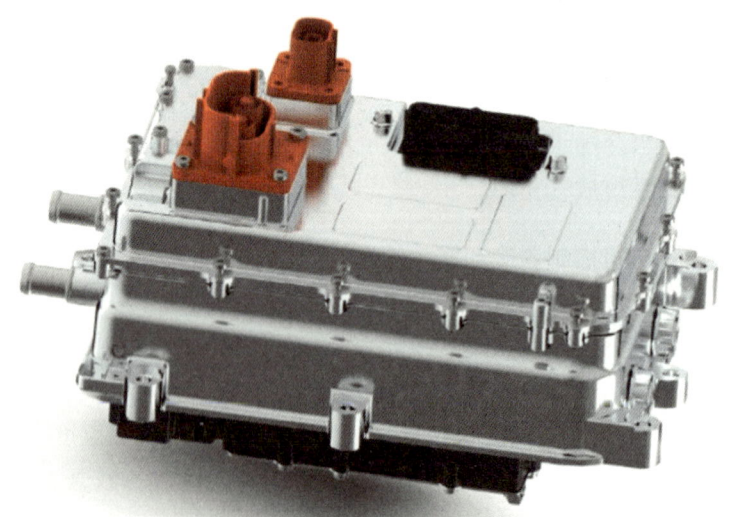

电机控制器

第二个知识点：电机控制器的工作原理

（1）电机控制器通过调节电压大小、频率高低、相位变化等参数来控制电机的运转，即通过相应的电力转换来控制电机工作。电力转换的基本形式有交流→直流、直流→交流、直流→直流和交流→交流。

（2）电机控制器接收挡位信号、加速信号、制动信号、电机转速信号和车速信号等，经过判断和逻辑运算之后控制电机的正反转和转速。电机控制器内部主要包括控制电路板和驱动电路板两部分。控制电路板的功能是信号采集、旋转变压器解码、模数转换，以及CAN总线通信，并会计算出所需的占空比，产生PWM（脉冲宽度调制）信号。驱动电路板的功能是电源控制、功率调节，它通过IGBT模块向驱动电机输送U、V、W三相交流电。

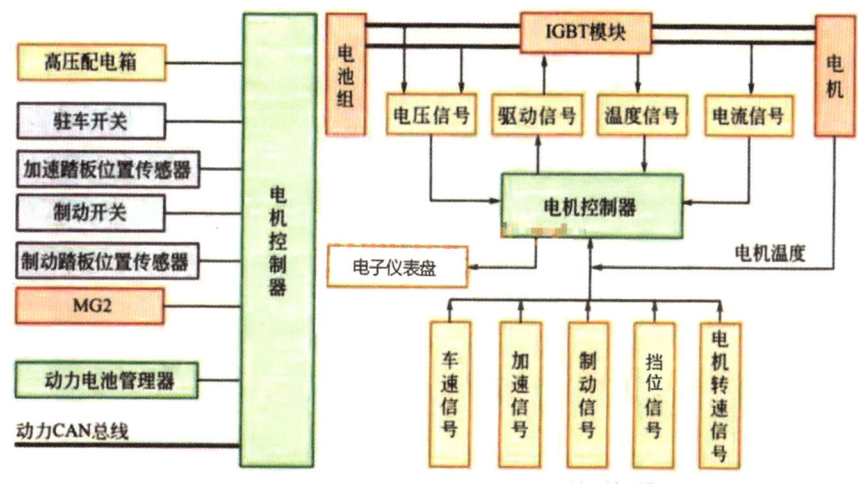

电机控制器组成及其工作框架图

（3）IGBT模块是由BJT（双极型三极管）和MOS（一种绝缘栅场效应管）组成的半导体器件。与其他电子元器件相比，IGBT模块具有输入阻抗高、开关速度快、驱动电路简单、承受电压高、导通电流大等优点，已经广泛应用于各种变频、驱动和调速电路中。

IGBT 模块

（4）电动汽车的电机控制器主要通过脉冲宽度调制的方式控制IGBT工作，IGBT负责将电流从直流转换为交流（电池到驱动电机）或者从交流转换为直流（驱动电机到电池）。

请同学们完成下面的思考题：

电机控制器的工作原理是什么？

模块二　常用驱动电机

任务一　直流电机

2.1.1　直流电机的类型及构造

直流电机是指能将直流电能转换成机械能（作为直流电动机运行）或将机械能转换成直流电能（作为直流发电机运行）的电机。

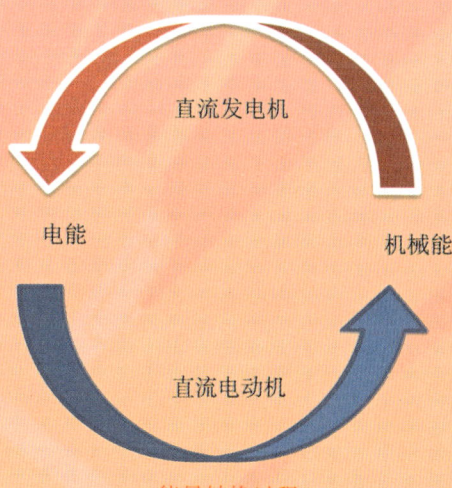

能量转换过程

直流电机的类型和构造

直流电机具有转速范围广、起动转矩大、调速性好、体积小、重量轻等特点，在工业控制、交通运输和家用电器等领域得到了广泛应用。一般来讲，我们可以根据直流电机的结构和工作原理的不同，将其分为有刷直流电机和无刷直流电机两种类型。两者最明显的区别是，换向器的类型不同。

1. 有刷直流电机

在有刷直流电机中，相互绝缘的条状金属表面随着电机转子转动时，条状金属交替接触电刷的正负极，实现电机线圈中电流方向的正负交替变化，从而完成有刷直流电机线圈的换相。根据励磁方式的不同，有刷直流电机可进一步分为他励、并励、串励和复励等类型。

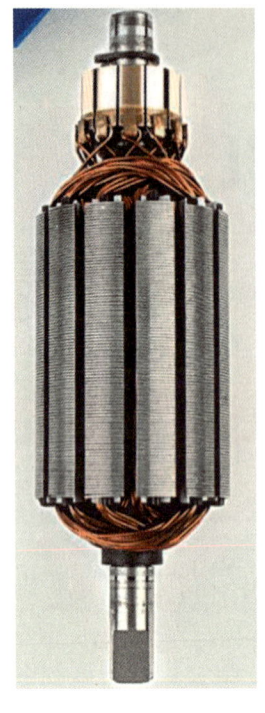
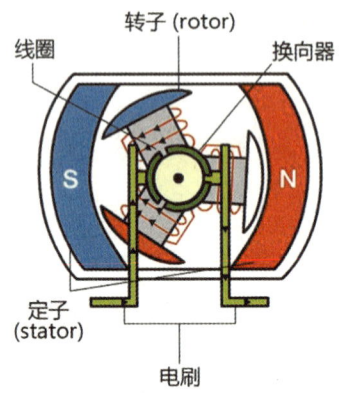

有刷直流电机

励磁绕组是向电机定子提供定子电源的装置。他励式结构的电机由独立的电源为电机励磁绕组提供所需的励磁电流，他励式的励磁绕组和电枢绕组在电气上没有直接关系，而由其他直流电源对励磁绕组供电。这种励磁回路单独供电的电机控制特性好，常用于需要宽调速的系统。并励式结构的电机的励磁绕组与电枢绕组相并联，励磁绕组与电枢绕组共用同一电源。并励式结构是一种较为常用的励磁结构，一般用于转速变化范围较小的负载。

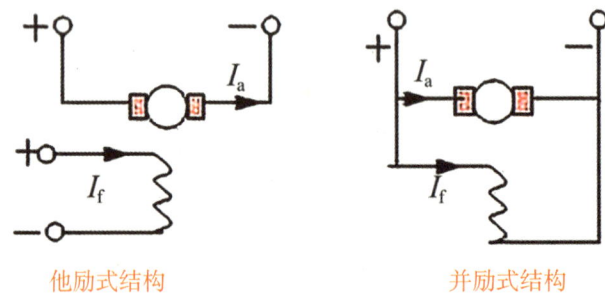

他励式结构　　　　　　　　　　并励式结构

串励式结构的直流电机的励磁绕组与电枢绕组串联，再接至直流电源。这种直流电机的励磁电流就是电枢电流。起动和过载能力较大，转速随负载变化明显。复励式结构的直流电机有并励和串励两个励磁绕组。若串励绕组产生的磁通势与并励绕组产生的磁通势的方向相同，则称其为积复励直流电机；若两个磁通势的方向相反，则称其为差复励直流电机。以并励为主的复励电机具有较大的转矩，转速变化不大，多用于机床等；以串励为主的复励电机具有接近串励电机的特性，但无"飞车"危险。

模块二　常用驱动电机

串励式结构　　　　　　　　复励式结构

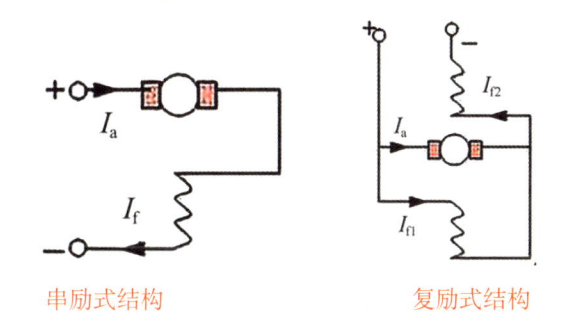

有刷直流电机主要由定子和转子两大基本结构组成。有刷直流电机一般包括轴承、旋转轴、电枢绕组、换向极绕组、电枢铁心、后端盖、刷杆座、换向器、电刷、主磁极、机座、励磁绕组、散热风扇、前端盖等。

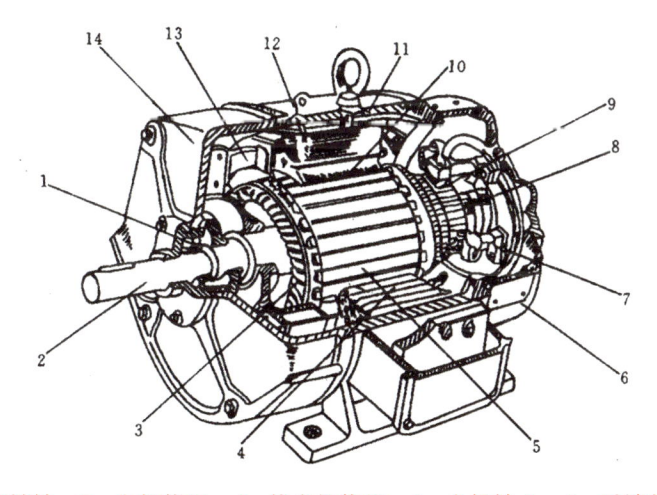

1—轴承；2—旋转轴；3—电枢绕组；4—换向极绕组；5—电枢铁心；6—后端盖；7—刷杆座；
8—换向器；9—电刷；10—主磁极；11—机座；12—励磁绕组；13—散热风扇；14—前端盖
有刷直流电机结构

有刷直流电机的定子由机座、主磁极、换向极等组成，其剖面结构如下图所示，它用来固定磁极和作为电机的机械支撑。

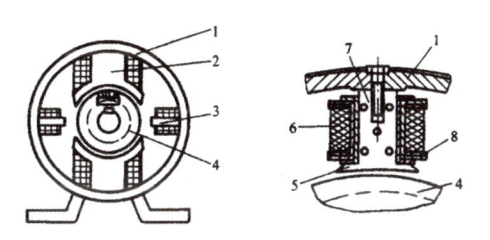

1—机座；2—主磁极；3—换向极；4—电枢；5—极靴；6—励磁线圈；7—极身；8—框架
有刷直流电机定子剖面结构

其中，主磁极由主磁极铁心、励磁绕组、基座、极身、极靴和转子等组成。励磁绕组缠绕在定子的铁心上，铁心由硅钢片叠压而成，励磁绕组是由导体材料制成的，通常为铜

— 29 —

线圈，它们沿着圆周方向均匀地分布在定子铁心上。当电流通过励磁绕组时，就会在定子铁心中产生一个磁场。转子的电枢绕组在旋转磁场中切割磁感线，产生感应电流，从而产生转矩。

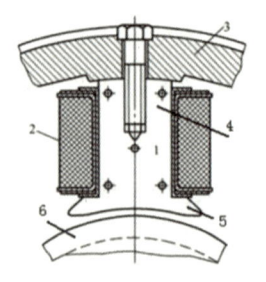

1—主磁极铁心；2—励磁绕组；3—基座；4—极身；5—极靴；6—转子
主磁极

换向极由换向极铁心和换向极绕组组成，作用是改善换向，减小电机运行时电刷与换向器之间可能产生的换向火花，一般装在两个相邻的主磁极之间。

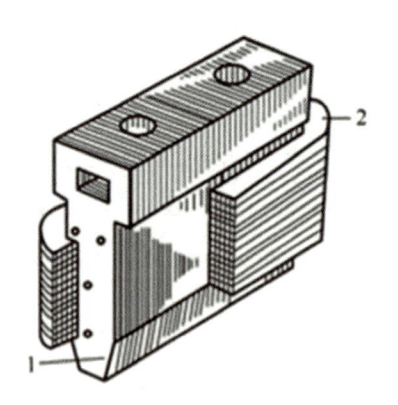

1—换向极铁心；2—换向极绕组
换向极

电刷装置由刷辫、压紧弹簧、电刷和刷握组成，作用是将旋转的电枢与固定不动的外电路相连，引入直流电流。

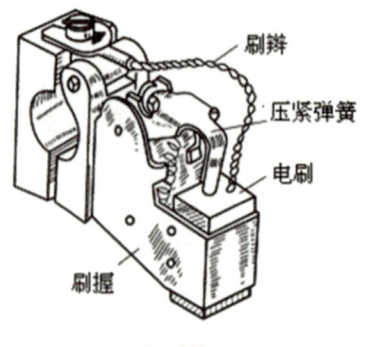

电刷装置

有刷直流电机的转子主要由电枢绕组、换向器、电枢铁心等组成，而电枢绕组是由导体材料制成的，通常为铜线圈。当电流通过电枢绕组时，会产生磁场，这个磁场会与主磁场相互作用，从而产生电磁转矩，使电机旋转带动负载。

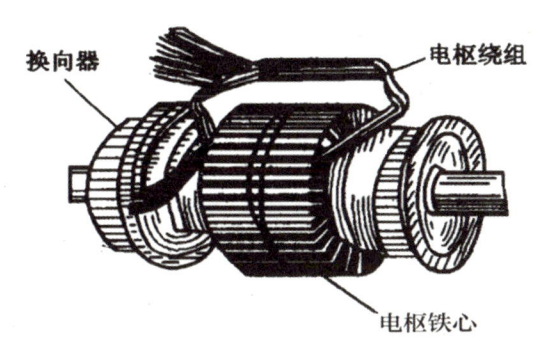

有刷直流电机转子

电枢绕组可以分为上层有效边、下层有效边、端接部分、电枢铁心、首端和尾端，作用是产生电磁转矩和感应电动势，它是有刷直流电机进行能量变换的关键部件。电枢绕组由绝缘导体绕成线圈嵌放在电枢铁心槽内，每一个线圈有两个端头，按一定规律连接到相应的换向片上，全部线圈组成闭合的电枢绕组。

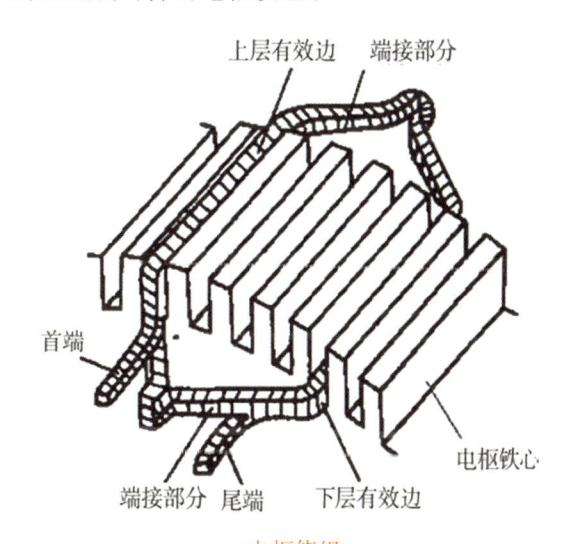

电枢绕组

换向器由换向片和连接部分组成，作用是用机械换向的方法将电刷间的直流电动势转变为电枢绕组中的交流电动势，以推动转子顺利旋转。

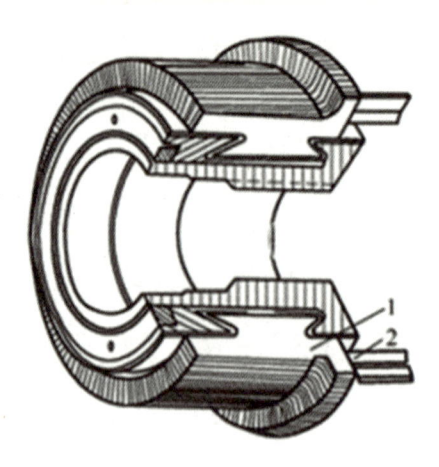

1—换向片；2—连接部分
换向器

2. 无刷直流电机

无刷直流电机不使用机械的电刷装置，换相的工作交由控制器中的控制电路来完成，一般利用霍尔传感器和控制器控制换相，还有的采用更先进的磁编码器技术。根据电机反电动势的不同，无刷直流电机可以分为方波驱动型和正弦波驱动型。

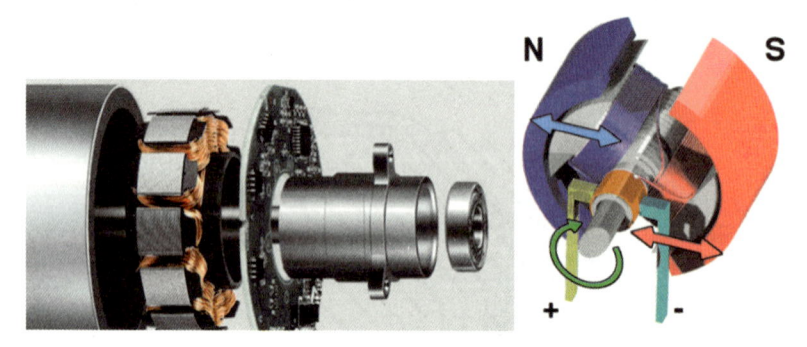

无刷直流电机

无刷直流电机主要由转子、定子、磁铁、传感器、控制器等组成。无刷直流电机使用霍尔传感器来获得电机转子的位置，以控制器驱动电路，以钕铁硼作为转子的永磁材料。

定子是电机的电枢，定子铁心采用叠片结构，并在其中安放着对称的多相绕组，与感应电机类似。定子绕组通常为三相绕组，沿定子铁心对称分布，在空间上互差120°电角度，可接成星形或封闭形（角形），各相绕组分别与电子开关线路中的相应晶体管相连接。当电机接上电源后，电流流入绕组，产生旋转磁场。

无刷直流电机的转子主要有两种结构。第一种结构是，转子铁心外表面粘贴瓦片形磁钢，称为表面式，又称凸极式或凸装式。第二种结构是，磁钢插入转子铁心的沟槽中，称为内嵌式或隐极式。永磁体的弧极为180°，永磁体产生的气隙磁场呈梯形波分布，线圈内的感应电动势的波形亦是交流形式的梯形波。

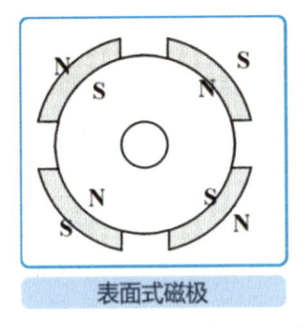

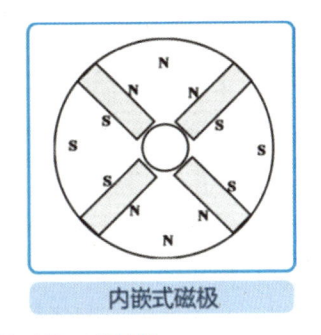

无刷直流电机转子的两种结构

直流电机的拆装

2.1.2 直流电机的拆装

在拆卸直流电机前，有以下注意事项：第一，在打开电机端盖之前，先清洁作业场地，做好端盖与机座、刷架等处的相对位置标记。第二，在拆卸电机之前，断开电机与控制器的引线，记录电机引线与控制器引线的对应关系。第三，一定要对角状松动螺栓，以免电机外壳变形。第四，对于装有滚动轴承的电机，应先拆下轴承外盖，再松开端盖的紧固螺钉，并在端盖与机座外壳的接缝处做好标记，将卸下的紧固端盖的螺钉拧入电机端盖上专门设置的两个螺孔中，将端盖顶出。第五，先拆下直流电机的外部接线，然后将底脚螺钉松开，把电机与传动机械分开。第六，在拆卸带有电刷的直流电机时，应将电刷从刷握中取出，还要将电刷中性线的位置做上标记。第七，在抽出转子时，必须注意不要碰伤定子线圈，转子重量不大的，可以用手抽出；重量较大的，应该用起重设备吊出。第八，拆卸直流电机轴上的带轮或联轴器，有时需要先在带轮的电机轴之间的缝隙中加一些煤油，使之渗透润滑，便于拆卸。第九，当拆卸完电机，排除了电机故障之后，一定要对照原来的端盖记号进行装配，防止二次装配后的扫膛现象。

拆卸直流电机

拆卸过程会用到很多工具，直流电机拆卸工具主要有转子吊装专用工具、工作台、撬具、记号笔、橡皮榔头、常用拆装工具、抹布、手套等。

下面将详细介绍直流电机拆卸步骤：第一步，在工作台上安装夹具，将电机固定在合适位置；第二步，用记号笔做好电机后端盖间的相对标记，拆下电机接线盒内的连接线；第三步，拆下换向器端盖（后端盖）上通风窗的螺栓，打开通风窗，从刷握中取出电刷，拆下接到刷杆上的连接线；第四步，拆下换向器端盖的螺栓、轴承盖螺栓，用撬具缓缓分离端盖并取下轴承外盖；第五步，拆卸换向器端盖，拆卸时在端盖下方垫上木板等软材料，以免端盖落下时碰裂，用手锤通过铜棒沿端盖四周边缘均匀地敲击；第六步，拆下轴伸端的端盖（前端盖）螺栓，把连同端盖的电枢从定子内小心地抽出来，注意不要碰伤电枢绕组、换向器及磁极绕组，并用厚纸或布将换向器包好，用绳子扎紧；第七步，拆下前端盖上的轴承盖螺栓，并取下轴承外盖；第八步，将连同前端盖在内的电枢放在木架上或木板上，并用纸或布包好。

直流电机维护或修复后的装配顺序与拆卸顺序相反，并要按所作标记校正电刷的位置。需要注意以下事项：在安装电机的时候，首先应清理电机部件表面的杂质，以免影响电机的正常运转；永磁体结构要固定结实，以免安装时受磁钢的强力吸引而造成部件相互撞击、损坏。

2.1.3　直流电机的工作原理

本节将学习直流电机的工作原理，了解直流电机驱动背后的科学原理。

首先，了解电机在运转过程中内部电与磁的变化。位于磁场中的载流导体会受到力的作用，力的方向可按左手定则确定，伸开左手，使大拇指和其余四指垂直，把手心面向N极，四指顺着电流的方向，那么大拇指所指的方向就是载流导体在磁场中的受力方向。

直流电机的工作原理

左手定则

右手定则用于判断感应电动势的方向。在磁场中运动的导体因切割磁力线会产生电动势E，伸开右手，大拇指指向导体在磁场中的运动方向，其余四指所指的方向就是感应电流的方向。

右手定则

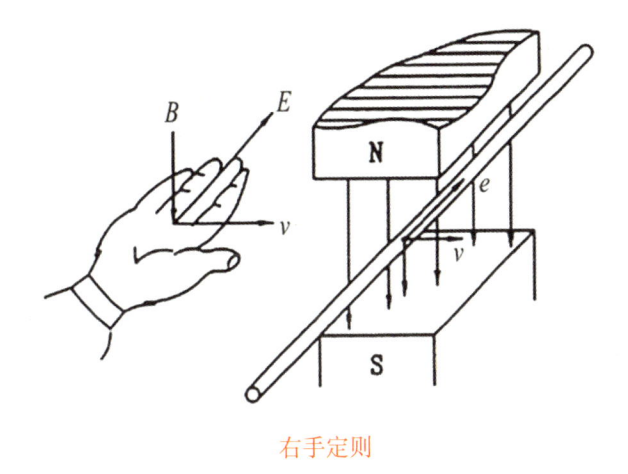

右手螺旋定则主要用于判断通电螺旋管或通电直导线产生的磁场方向。用右手握住通电螺旋管，使四指弯曲的方向与电流方向一致，那么大拇指所指的那一端就是通电螺旋管的N极。

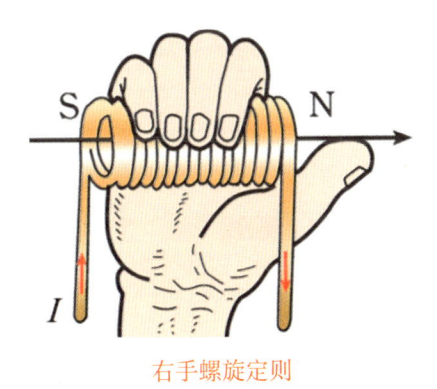

右手螺旋定则

无刷直流电机和有刷直流电机运行的基本工作原理都相同，区别在于换向器的控制形式不同，有刷直流电机采用机械换向结构。下面将以无刷直流电机的简单模型来说明其运行的工作原理。

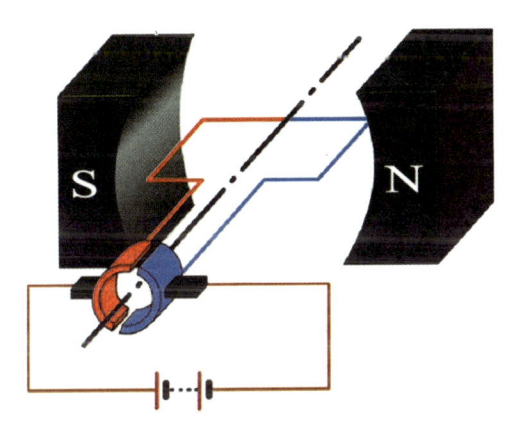

无刷直流电机的工作原理

无刷直流电机的工作原理：当两头的线圈通上电流时，根据右手螺旋定则，会产生方向指向右的外加磁感应强度 B（如粗箭头方向所示），而中间的转子会尽量使自己内部的磁力线方向与外磁力线方向保持一致，以形成一个较短的闭合磁力线回路，这样转子将沿顺时针方向转动。

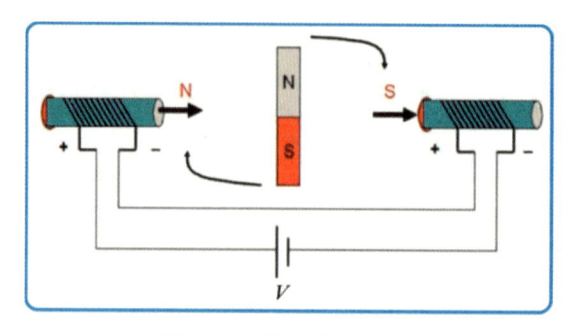

无刷直流电机工作原理图 1

当转子转到水平位置时，其自身磁场与外部磁场的方向一致，虽然不再受到转动力矩的作用，但由于惯性，还会沿顺时针方向转动，这时若改变两侧通电螺旋管的电流方向，转子会继续沿顺时针方向转动。

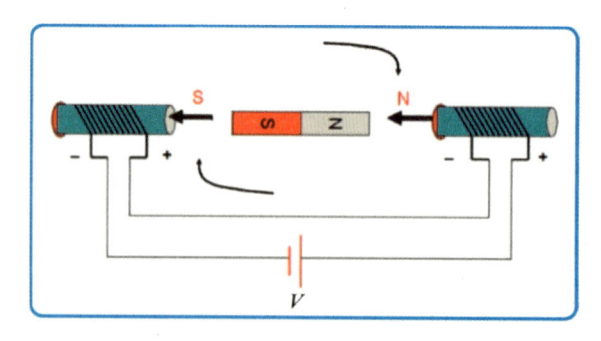

无刷直流电机工作原理图 2

如此不断改变两侧通电螺旋管的电流方向，内转子就会不停地转动。改变电流方向的这一动作，就叫作换向。何时换向只与转子的位置有关，而与转速无关。下图是最简单的两相两极无刷直流电机的工作原理图。

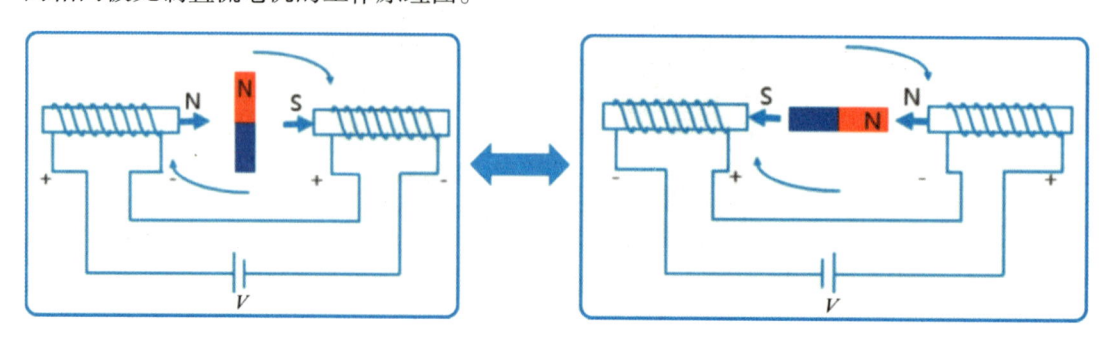

两相两极无刷直流电机的工作原理图

模块二　常用驱动电机

　　在此工作原理图中，两个线圈就相当于电机中的定子绕组，通过改变电流方向这一动作产生了旋转磁场，从而实现了无刷运行。在实际的无刷直流电机中，定子铁心中安放着对称的多相绕组，可接成星形或封闭形（如三角形），为了在定子中产生旋转磁场则需要不断改变定子绕组的电流方向。定子各相绕组分别与电子开关线路中的相应晶体管相连接。下图是绕组与开关电路的状态。

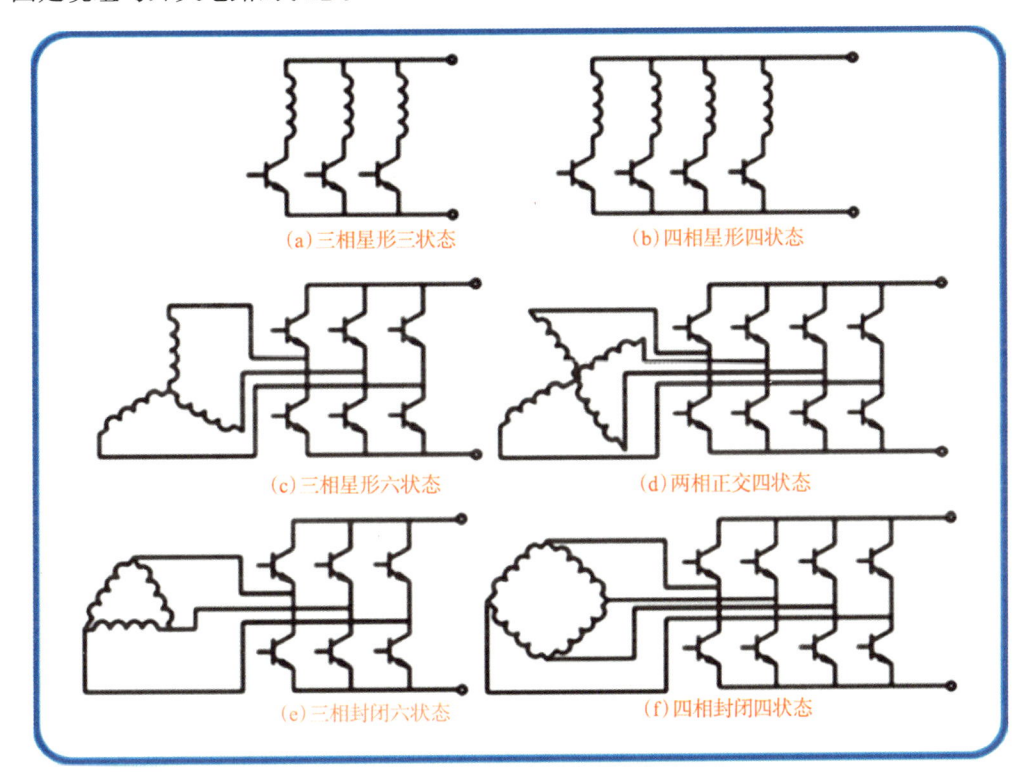

(a) 三相星形三状态　　(b) 四相星形四状态
(c) 三相星形六状态　　(d) 两相正交四状态
(e) 三相封闭六状态　　(f) 四相封闭四状态

绕组与开关电路的状态

　　随着转子的连续旋转，位置传感器不断地发送转子位置信号，通过开关电路使定子绕组不断地依次通电，不断地改变通电状态，从而在定子上产生旋转的磁场，驱动永磁转子转动，这就是无刷直流电机电子换向的实质。下面就以三相导通三相星形六状态的无刷直流电机为例，进一步说明无刷直流电机的工作原理。

　　下图是定子绕组星形联结（转子未画出），三个绕组通过中心的联结点以"Y"形的方式被联结在一起。整个电机就引出三根线A、B、C。当它们之间两两通电时，有6种情况，分别是AB、AC、BC、BA、CA、CB。

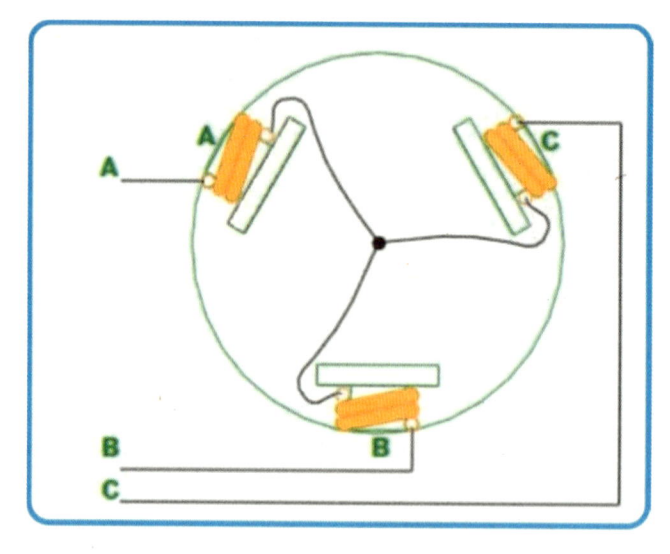

定子绕组星形联结

下图分别描述了这6种情况下每个通电线圈产生的磁感应强度的方向（用图中的红、蓝色箭头表示），两个线圈的合成磁感应强度的方向用绿色箭头表示。

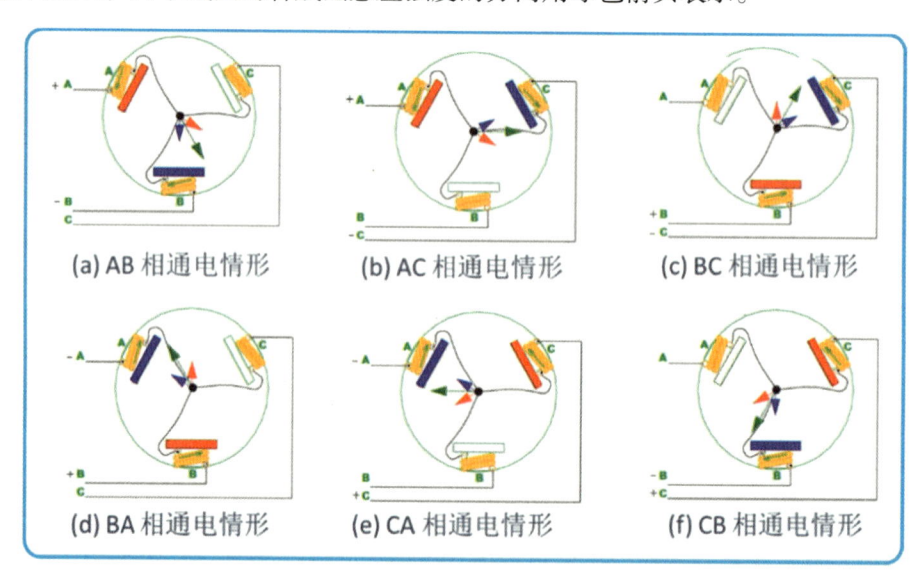

(a) AB 相通电情形
(b) AC 相通电情形
(c) BC 相通电情形
(d) BA 相通电情形
(e) CA 相通电情形
(f) CB 相通电情形

两两通电情形

在图（a）中，AB相通电，中间的转子（图中未画出）会尽量往绿色箭头方向对齐，当转子到达图（a）中的绿色箭头位置时，外线圈换相，改成AC相通电，这时转子会继续运动，并尽量往图（b）中的绿色箭头方向对齐，当转子到达图（b）中的箭头位置时，外线圈再次换相，改成BC相通电，再往后以此类推。当外线圈完成6次换相后，内转子正好旋转一周（即360°）。通过循环往复这个过程，无刷直流电机就运转起来了。

2.1.4　直流电机的性能特点

直流电机以良好的起动性能、调速性能等优点著称,其中有刷直流电机采用机械换向系统,换向器和电刷在直流电机中扮演着重要的角色。随着电子技术、计算机技术和永磁材料的迅速发展,诞生了无刷直流电机。这种电机是典型的机电一体化产品,它利用电子开关电路和位置传感器来代替电刷和换向器,具备转速范围广、起动转矩大、调速性好、体积小、重量轻等特点。无刷直流电机采用电子开关电路、转子位置传感器和控制器结构,它克服了有刷直流电机的先天性缺陷,目前在工业控制、交通运输和家用电器等领域得到了广泛应用。

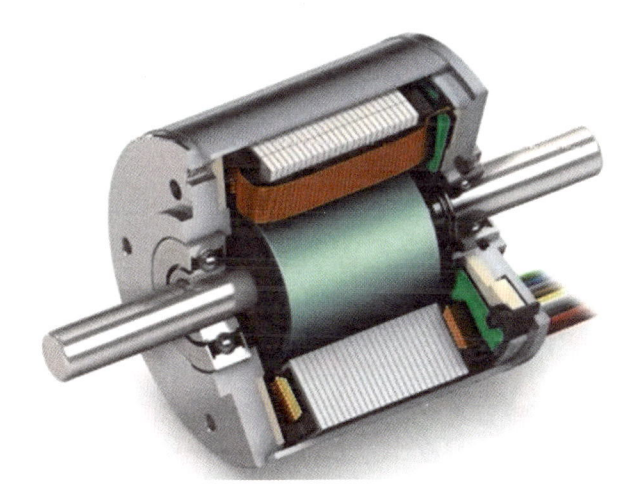

直流电机的性能特点及检测

无刷直流电机

无刷直流电机广泛应用于驱动系统和伺服—驱动式系统中,在许多场合,不但要求电机具有良好的起动和调节特性,而且要求电机能够正反转。

无刷直流电机的运行可分为四种状态:正转电动、反转电动、正转制动和反转制动。控制逆变器功率期间的六种导通组合状态产生的六个定子磁势,两个定子之间相差60°。

在无刷直流电机中,获得转子位置是进行电机换相控制的核心前提。目前,无刷直流电机通常采用位置传感器来检测转子磁场相对于定子各相绕组的位置。位置传感器是无刷直流电机的重要组成部分,它有多种构造形式,常见的有电磁式、光电式和霍尔式。电磁式位置传感器是利用电磁效应原理来实现转子位置测量的,其常见类型涵盖开口变压器、铁磁谐振电路、接近开关等。在无刷直流电机中,用得较多的是开口变压器。电磁式位置传感器的结构示意图和剖面图如下图所示。

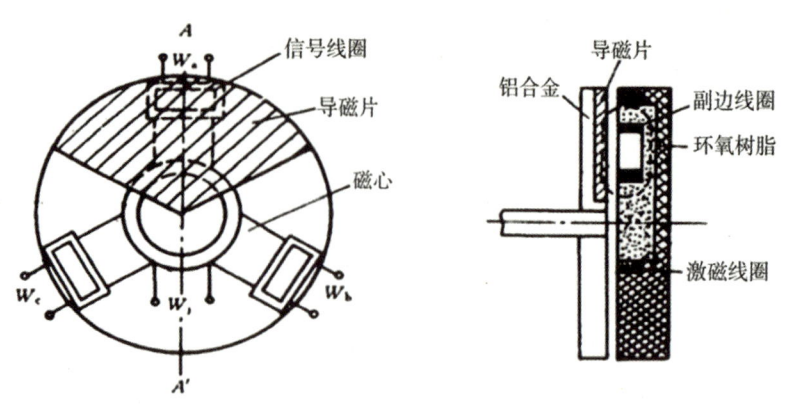

（a）结构示意图　　　　　　　　　（b）剖面图

电磁式位置传感器的结构示意图和剖面图

光电式位置传感器是由固定在定子上的几个光电耦合开关和固定在转子轴上的遮光盘所组成的，其结构示意图如下图所示。光电式位置传感器产生的电信号一般较弱，需要经过放大才能去控制功率晶体管。但它输出的是直流电信号，不必再进行整流，这是它的一个优点。

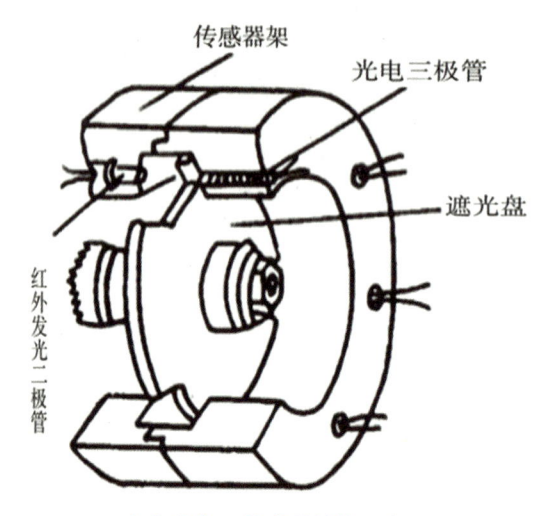

光电式位置传感器结构示意图

霍尔式位置传感器是指它的某些电参数按一定的规律随周围磁场变化的半导体敏感元件，其基本工作原理为霍尔效应和磁阻效应。目前，常见的磁敏传感器有霍尔元件或霍尔集成电路、磁敏电阻器及磁敏二极管等多种。采用霍尔元件作为位置传感器的无刷直流电机通常称为"霍尔无刷直流电机"。下图中的两个霍尔元件H_1和H_2以间隔90°的电角度（实际的空间几何角度）粘于电机定子绕组A和B的轴线上，并通上控制电流，由于无刷直流电机的转子是由永磁铁制成的，因此可以很方便地利用霍尔元件的"霍尔效应"检测转子的位置。

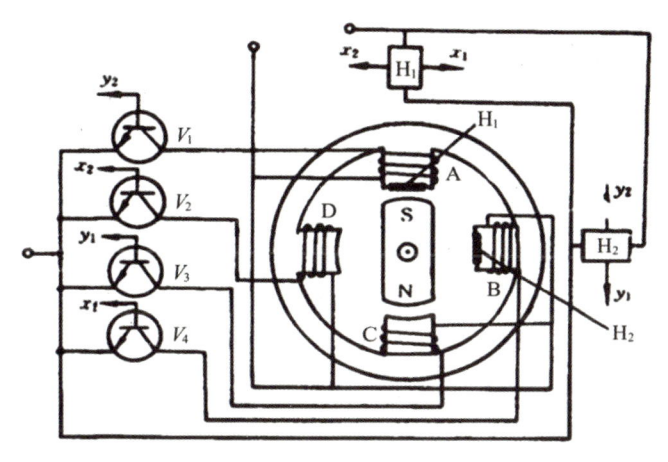

霍尔式位置传感器结构原理图

任务二　交流异步电机

学习目标：

1. 理解交流异步电机的定义和功能
2. 了解交流异步电机的常见类型
3. 掌握交流异步电机的组成结构
4. 培养学生严谨认真的职业态度

交流异步电机的
类型及构造

2.2.1　交流异步电机的类型及构造

随着比亚迪等国产新能源汽车品牌的强势崛起，大家经常听到"三电"这个词。你知道新能源汽车的"三电"是什么吗？

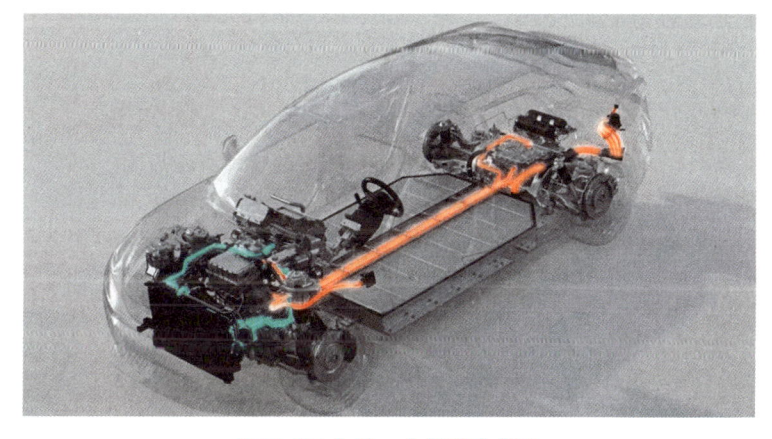

"三电"（电池、电机和电控）

— 41 —

"三电"即电池、电机、电控,它们是新能源汽车的核心。

新能源汽车"三电"图

驱动电机作为新能源汽车的"发动机",在很大程度上决定了新能源汽车的动力表现。当前主流的新能源汽车电机主要分为交流异步电机和永磁同步电机。

交流异步电机　　　　　　　　　　永磁同步电机

与同功率的直流电机相比,交流异步电机的重量轻了二分之一左右,具有效率高、比功率较大、适合于高速运转等优势。交流异步电机是目前大功率电动汽车上应用较普遍的电机。

一、交流异步电机的定义和功能

交流异步电机又称为交流感应电机,它通过气隙(定子和转子之间的很小空隙)旋转磁场和转子绕组感应电流相互作用产生电磁转矩,从而实现电能转换为机械能。

电能 → 机械能

交流异步电机实现能量的转换

二、交流异步电机的常见类型

按照转子结构的不同，交流异步电机可以分为鼠笼式和绕线式。

按照定子绕组相数的不同，交流异步电机可以分为单相、两相和三相。（注意：这里的分类依据是电源相数而不是电机内部绕组的相数）

按照外壳的防护形式，交流异步电机可以分为开启式、防护式和封闭式。

在电动汽车中，应用比较广泛的是鼠笼式交流异步电机，它具有结构简单、制造成本低、维护方便等优点。

三、交流异步电机的组成结构

交流异步电机和所有旋转电机的组成结构是一样的，交流异步电机由固定不动的定子和可以旋转的转子组成，定子用来产生旋转磁场，转子用来产生感应电流进而形成电磁转矩，实现能量转换，其基本构造如下图所示。

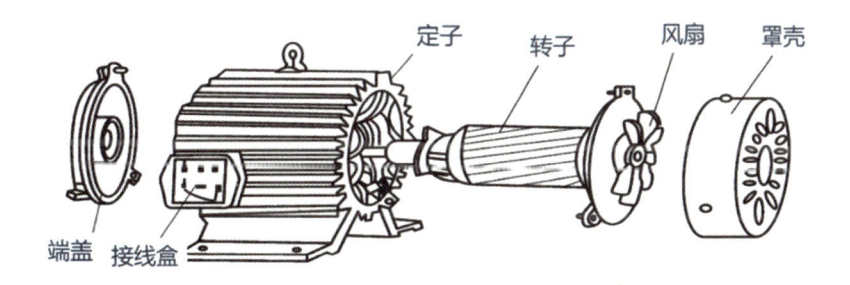

交流异步电机的基本构造
（端盖、接线盒、定子、转子、风扇、罩壳）

另外，气隙的大小对交流异步电机的参数和运行性能也影响很大，交流异步电机的气隙一般为0.5～2.0 mm。那么，定子和转子的内部构造是什么样的呢？

1. 定子

定子由定子铁心、定子绕组、接线盒和机座等部件组成。

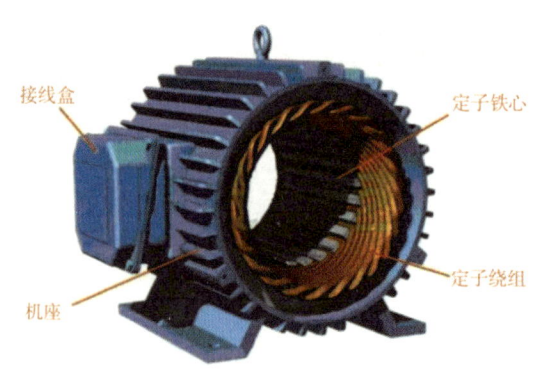

定子结构图

定子铁心是电机主磁路的一部分，在铁心的内圆冲有均匀分布的槽，用来嵌放定子绕组。为了降低铁损耗，定子铁心一般由0.35～0.5mm厚、表面涂有绝缘漆的硅钢片叠压而成。

定子铁心

定子绕组是电机的电路部分，由三个在空间上互隔120°对称排列、结构完全相同的绕组组成。定子绕组用带绝缘套的铜导线或铝导线绕成，每个绕组为一相，根据需要联结成Y形（也称星形）或等边三角形，嵌放在定子铁心的槽内，在绕组中通入三相交流电，其作用是吸收电功率和产生旋转磁场。

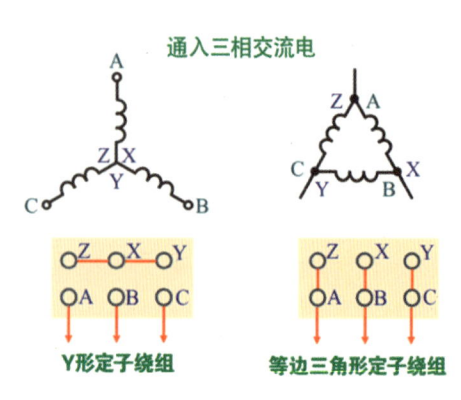

定子绕组　　定子绕组联结方法

机座是电机的外壳,主要用于固定定子铁心、前后端盖,支撑转子,同时具有防护散热功能。机座一般不作为工作磁路的组成部分,大多数采用铸铁铸造而成,大体积的交流异步电机的机座还会采用钢板焊接而成,微型异步电机机座多采用铸铝或塑料制成。根据电机的防护方式、冷却方式和安装方式的不同,机座的样式也不尽相同。

2. 转子

转子由转子铁心、转子绕组和转轴等部件组成。

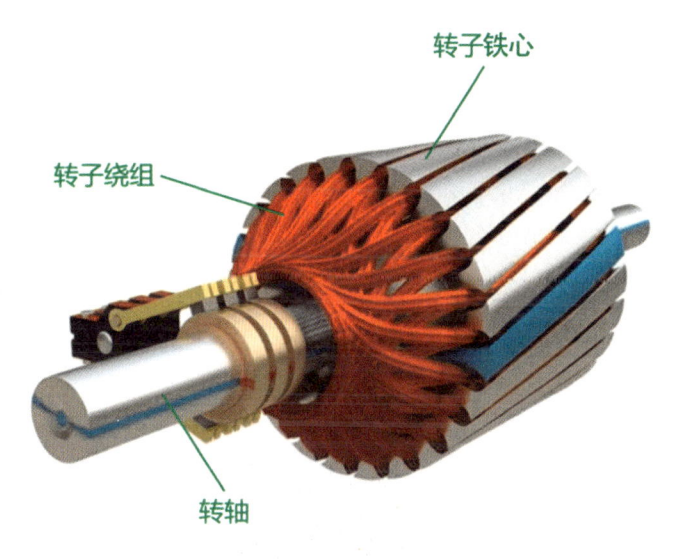

转子结构图

转子铁心也是电机磁路的一部分,由0.5mm厚的硅钢片叠压而成,套装在转轴或转子支架上。整个转子铁心的外表呈圆柱形。转子铁心叠片外圆冲有嵌放转子绕组的槽。

转子铁心

转子绕组包括笼型和绕线型两种,其对应的转子分别称为笼型转子和绕线型转子。笼型转子绕组是在转子铁心的每个槽内插入一根条状导体,导体的材料一般为铜质或铝质,铁心两端各用一个端环焊接起来,形成一个自身闭合的多相短路绕组。如果把转子铁心去掉，则可看出剩下的绕组形状像个松鼠笼子，因此笼型转子绕组又叫鼠笼式转子绕组。笼型转子结构简单、制造方便且运行可靠，因此在新能源汽车中应用比较广泛。

笼型转子绕组

绕线型转子绕组和定子绕组类似，也是在转子铁心槽内嵌放用绝缘导线绕成的三相绕组，绕组一般连接成Y形，三条引线分别接到转轴的三个集电环上，通过电刷装置与外部电路连接。这样我们就能把外部电阻串联到转子绕组回路，达到改善电机的起动性能或调节电机转速的目的。和笼型转子相比，绕线型转子结构复杂、价格较高，主要应用于起动电流小、起动转矩大或者需要平滑调速的场合。

绕线型转子绕组

以上这些部件再加上端盖、轴承、风扇等部件，就构成了一个完整的交流异步电机。

驱动电机作为新能源汽车的动力源泉，其重要性不言而喻。希望通过本节的学习，大家能够熟悉交流异步电机的常见类型，并掌握其内部构造，能够对电机的零部件做到如数家珍，为将来新能源汽车的电机拆装和检修工作奠定坚实的基础。

请同学们完成下面的思考题：

在哪些情况下，应该选用定子绕组为等边三角形联结法的交流异步电机？

2.2.2　交流异步电机的拆装

交流异步电机广泛应用于各类工业生产中，为保证其正常运行，需要定期进行维护与检修。为了保证维修质量，必须掌握正确的拆装方法。

交流异步电机的拆装

学习目标：

熟练掌握交流异步电机的拆装

一、准备工作

安装在设备上的电机，首先应该切断电源，拆下电机与电源的连接线，并且及时做好电源线头的绝缘处理。

拆下电机与设备的机械连接装置，使电机与设备分离，之后再对电机进行拆卸。

二、交流异步电机的拆卸

（1）拆卸电机联轴器或带轮。取下定位销，装上拉拔器，将拉拔器尖端对准联轴器或带轮中心，转动丝杠，慢慢将其拉出。

（2）拆卸风扇罩与叶轮。将固定风扇罩的螺钉取下，取出风扇罩。取出风扇叶轮的顶丝，将叶轮向外翘出，直至脱离电机轴。

（3）拆卸端盖。首先将固定端盖的螺丝拧下来，之后做好复位标记。均匀敲打端盖四周，直至端盖与机座脱离。

在拆卸端盖的过程中，要垫木板或纸板并且做好扶持措施，目的是防止端盖掉落碰撞轴颈，影响其精度。

（4）抽出转子。敲打轴一侧，使后端盖与机座分离，再将转子与后端盖一起抽出来。在抽出转子时要注意，应始终沿着轴颈的中心线向外移动，防止转子碰坏绕组。可采取在线圈端部垫纸板保护线圈。对于小型电机的拆卸可只拆风扇一侧的端盖，同时将另一侧端盖的螺栓拧下，将转子与端盖一起取出即可。

（5）拆卸轴承。选用大小合适的拉拔器，将丝杠中心对准电机的转动中心，将轴承慢慢拉出。

三、交流异步电机的安装

交流异步电机的安装步骤与拆卸步骤相反。

（1）安装轴承。首先用煤油对轴承进行清洗，之后对轴承进行检查，观察有无裂纹或间隙过大等问题。若有问题，则需要更换轴承。在轴承间隙部位均匀涂抹润滑油，一般填充空腔容积的三分之二。然后将轴颈擦干净，再在与轴承配合的部位涂抹润滑油；将轴承套装在轴颈上，可选取一根直径大于轴颈的铁管套在轴颈上，一端顶在轴承上，保持接触位置平整。敲打铁管，直至轴承安装到位。

（2）安装后端盖。将后端盖套在轴承上敲打到位。

（3）安装转子。将转子对准定子中心，沿着定子圆周中心将转子慢慢送进定子里。在此过程中不可碰撞定子绕组。

（4）当端盖与机座快要接触时，应对准之前所做的标记，然后装上螺栓并紧固。

（5）安装前端盖。将前端盖与标记对齐，均匀敲打，直至合拢，然后按对角线紧固螺栓。

（6）检查转动情况。用手转动转轴，检查转子转动是否灵活、均匀，有无停滞或偏重现象。

2.2.3　交流异步电机的工作原理

电动汽车用驱动电机代替传统发动机作为汽车的心脏。在乘用车领域，目前应用的驱动电机主要为交流异步电机与永磁同步电机。例如，特斯拉汽车使用的驱动电机就是交流异步电机。

交流异步电机的工作原理

特斯拉 Cybertruck 三电机底盘

如下图所示，在蹄形磁铁的两磁极间放置一个闭合导体，当转动蹄形磁铁时，磁铁所形成的磁场开始旋转，此时旋转磁场与闭合导体之间产生相对运动，闭合导体切割磁力线从而在其内部产生感应电动势和感应电流。感应电流又使导体受到一个电磁力的作用，于是导体就沿磁铁的旋转方向转动起来，这就是交流异步电机的基本工作原理。

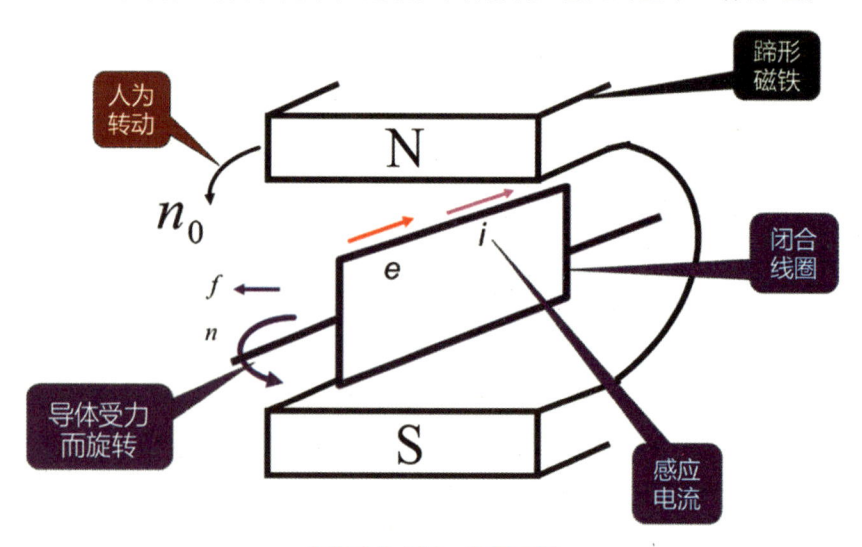

交流异步电机工作原理图

从实验中可以看出，想要让交流异步电机旋转，首先，必须有旋转的磁场和闭合的转子绕组。其次，旋转的磁极和转子要有一定的相对运动才能切割磁力线，即两者转速不同。这也是交流异步电机名称的由来。

在模型中，转动的蹄形磁铁可以看作旋转磁场。

在实际的交流异步电机中，旋转磁场是利用三相交流电通过固定在定子上的三相对称绕组来获得的。如下图所示，三相定子绕组U_1U_2、V_1V_2、W_1W_2在空间上按照互差120°的规律对称排列，并采用星形联结的方式与三相电源相接。当三相对称电流通过三相定子绕组时，它们共同产生的磁场便形成了一个旋转磁场。

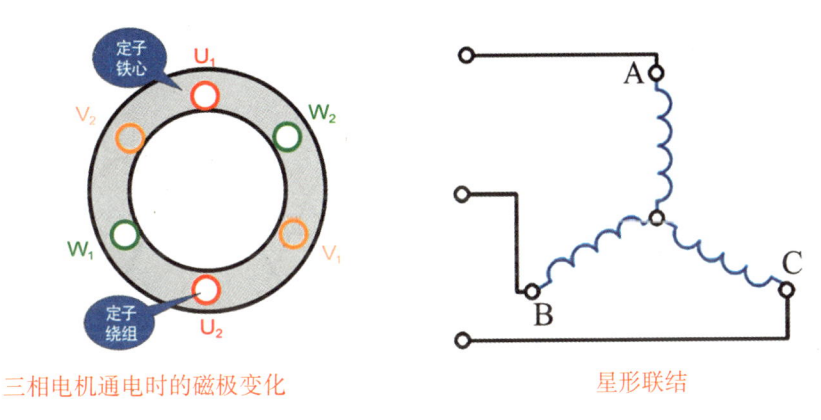

三相电机通电时的磁极变化　　　　星形联结

在下图中，我们用⊗表示电流流入，用⊙表示电流流出，设电流的参考方向为首端流向末端。

当$\omega t=0°$时，根据三相交流电的波形图可以看出此时三个相的电流方向：

$i_1=0$；

$i_2<0$（尾端流入、首端流出）；

$i_3>0$（首端流入、尾端流出）。

之后可以在示意图中标出电流方向，即U相中无电流，V相中的电流从V_2流入、V_1流出，W相中的电流从W_1流入、W_2流出。根据右手螺旋定则可以判断出它们合成磁场的方向是向下的，如下图所示。

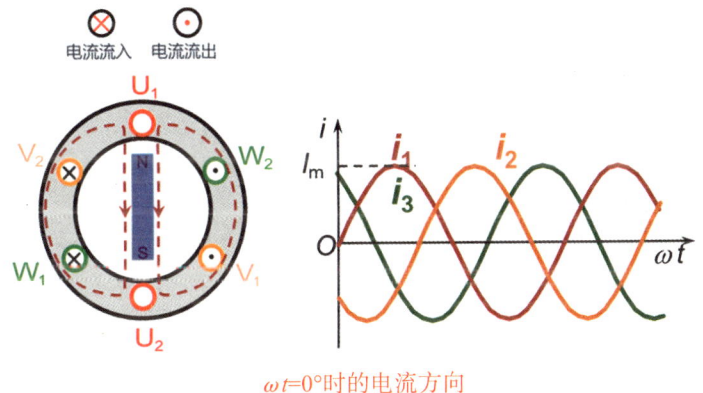

$\omega t=0°$时的电流方向

— 49 —

当ωt=60°时，根据三相交流电的波形图可以看出此时三个相的电流方向：

$i_1 > 0$（首端流入、尾端流出）；

$i_2 < 0$（尾端流入、首端流出）；

$i_3 = 0$。

之后可以在示意图中标出电流方向，即U相中的电流从U_1流入、U_2流出，V相中的电流从V_2流入、V_1流出，W相中无电流。根据右手螺旋定则可以判断出它们合成磁场的方向是在ωt=0°时的基础上顺时针旋转了60°，如下图所示。

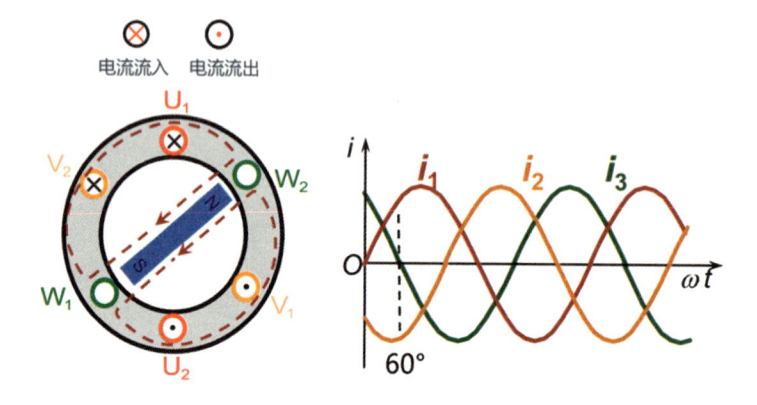

ωt=60°时的电流方向

当ωt=120°时，根据三相交流电的波形图可以看出此时三个相的电流方向：

$i_1 > 0$（首端流入、尾端流出）；

$i_2 = 0$；

$i_3 < 0$（尾端流入、首端流出）。

在示意图中标出电流方向，即U相中的电流从U_1流入、U_2流出，V相中无电流，W相中的电流从W_1流出、W_2流入。根据右手螺旋定则可以判断出它们合成磁场的方向是在ωt=0°时的基础上旋转了120°，如下图所示。

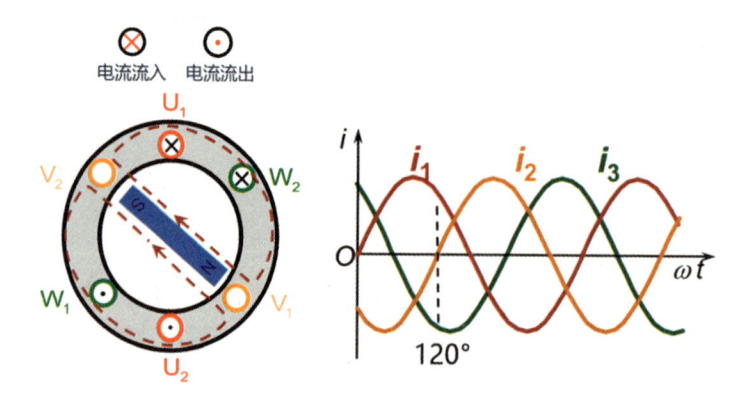

ωt=120°时的电流方向

由此可见，当定子绕组中的电流变化一个周期时，合成磁场也按电流的相序方向在空间上旋转一周。随着定子绕组中的三相电流不断地做周期性变化，产生的合成磁场也不断地旋转，形成了旋转磁场。

前面我们已经讲过，交流异步电机旋转的前提条件有两个：一是三相对称绕组通过对称电流产生旋转磁场，二是磁场在旋转过程中切割转子绕组。逆时针旋转的定子磁场切割转子绕组，相当于转子绕组顺时针切割定子磁场，根据右手定则，转子绕组产生感应电流；再根据左手定则，在磁场的作用下，转子绕组受到电磁力，这些电磁力共同形成电磁转矩，驱动电机沿逆时针方向旋转，如下图所示。

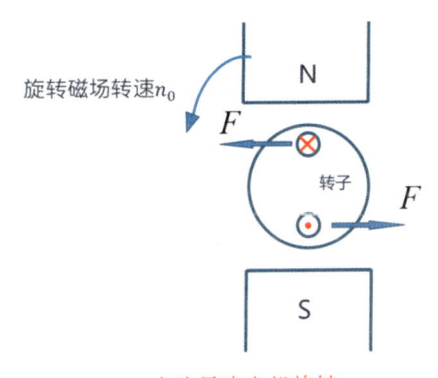

交流异步电机旋转

因为交流异步电机的旋转磁场与转子之间存在转速差，所以为了表示转子转速 n 与旋转磁场转速 n_0（同步转速）的相差程度，引入了转差率 s，其表达式为：

$$s=(n_0-n)/n_0$$

在交流异步电机的起动瞬间，$n=0$，$s=1$；在交流异步电机理想空载时，$n \approx n_0$，$s \approx 0$；在额定工况下，交流异步电机的转差率一般在 1.5%～6%。

请同学们完成下面的思考题：
如果想要改变交流异步电机的转动方向，应该怎么做？

2.2.4　交流异步电机的性能特点及检测

电动汽车在行驶过程中有时会频繁地进行起动、加速、减速、停车等操作，这些都离不开其动力来源——电机。交流异步电机是目前市场上常用的一种主流电机，其在工作过程中会经历起动、调速、制动三种工况，每个新能源汽车从业人员都应该了解其性能特点。

首先，我们来讲解交流异步电机是如何起动的。

交流异步电机的性能特点及检测

一、交流异步电机的起动方式

将交流异步电机接入电源，电机由静止不动到稳定运行的过程称为起动。交流异步电机的起动方式可分为直接起动和降压起动两种。

1. 直接起动

通过开关或接触器（一种用途广泛的开关电器）将电机直接接入电源的起动方法称为直接起动。这种起动方法操作简单，易于实现，但电机能否直接起动，取决于电机容量与供电电源容量的比例。通常，直接起动一般适用于由独立变压器供电，或者不经常起动的三相交流异步电机（属于交流异步电机）。

2. 降压起动

对于不允许直接起动的电机，可以采用降压起动的方法，以减小起动电流。降压起动就是在起动时，降低加在定子绕组上的电压，待电机的转速接近额定值时，再将定子绕组的电压恢复到额定值，使电机进入正常运行状态。

由于三相交流异步电机的起动转矩与电源电压的二次方成正比关系，在降压的同时也降低了起动转矩。因此这种方法适用于电机轻载起动或空载起动。

常见的降压起动方法有三种。

第一种方法是"星形-三角形"转换降压起动。这种方法是在起动时先将定子绕组接成星形，目的是降低定子绕组上的电压，从而降低起动转矩；当电机转速接近稳定值时，再将定子绕组接成三角形。显然，这种方法只适用于6个接线端子均可用，并且正常工作时需要三角形连接的三相交流异步电机。

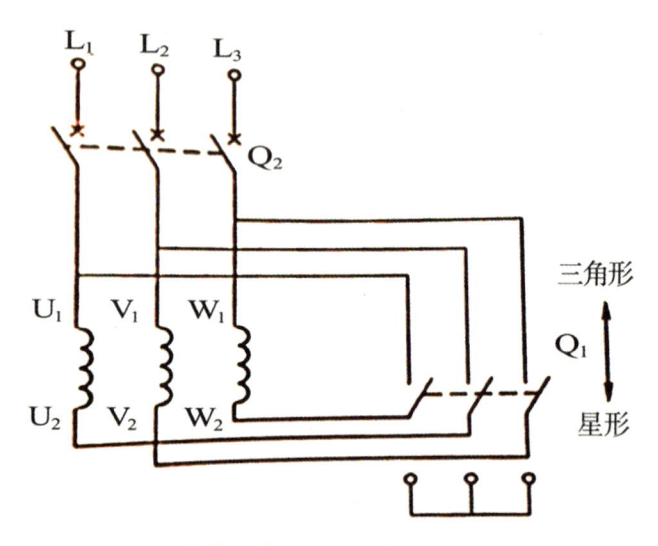

"星形-三角形"转换降压起动电路

第二种方法是自耦变压器降压起动。这种方法是在起动时先将电机定子绕组与自耦变压器低压边连接，当电机转速接近稳定值之后，再将电机定子绕组直接与电源连接，使电机进入正常运行状态。

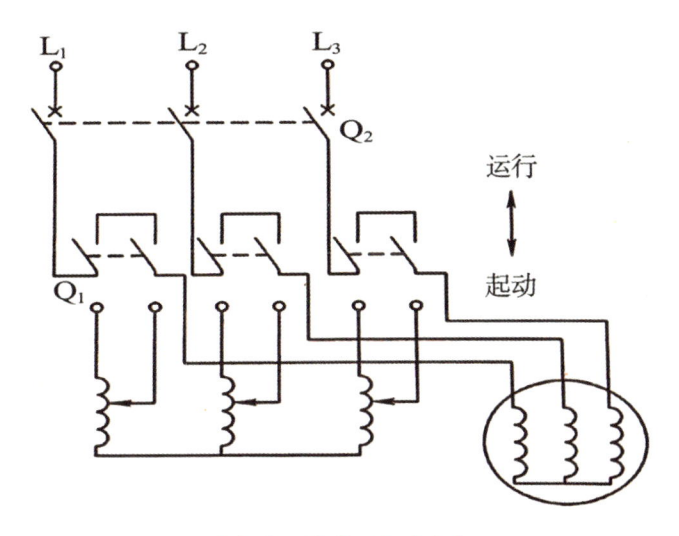

自耦变压器降压起动电路

第三种方法是转子串电阻降压起动。这种方法是，在转子绕组中连接起动电阻，在起动时，先将起动电阻调到最大值，随着电机的转速上升，逐步减小起动电阻的阻值，直到电机的转速接近额定值时完全切除起动电阻，使电机正常运行。这种方法只适用于绕线型转子异步电机。

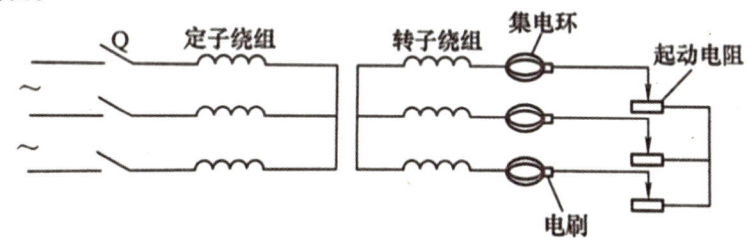

转子串电阻降压起动电路

了解完交流异步电机的起动方式后，我们再来看看交流异步电机在工作过程中是如何进行调速的。

二、交流异步电机的调速方法

由交流异步电机的转速控制公式

$$n = n_s(1-s) = (1-s)60f/p$$

可知，改变转差率 s、磁极对数 p 和频率 f，都可以改变电机转速。

1. 变转差率调速

变转差率调速是在绕线型异步电机的转子绕组中串联接入电阻，通过改变转差率来实现调速。

这种调速方法的特点是：旋转磁场的转速不变，但其机械特性运行段的斜率变化了，转子绕组中串入的电阻越大，斜率越大（即机械特性越软）。随着负载转矩的增加，转速下降就越快，但最大转矩不变。这种调速方法简单，可实现连续调速，但调速电阻会增加能量损耗。

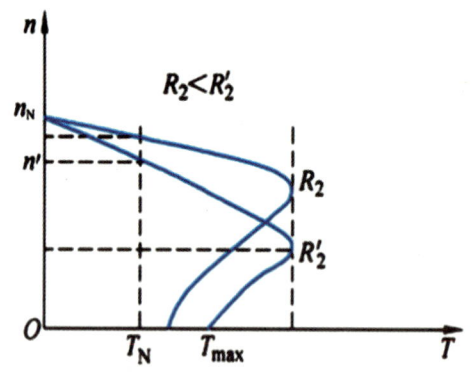

变转差率调速的机械特性

2. 变极调速

变极调速通过改变交流异步电机定子旋转磁场的磁极对数来改变旋转磁场的转速，从而改变电机的转速实现调速。那么如何才能改变交流异步电机的磁极对数呢？其实很简单，通过改变定子绕组的接线方式即可实现。通常普通电机的磁极对数是不能改变的，为了达到变极调速的目的，人们研制出了变极调速电机。

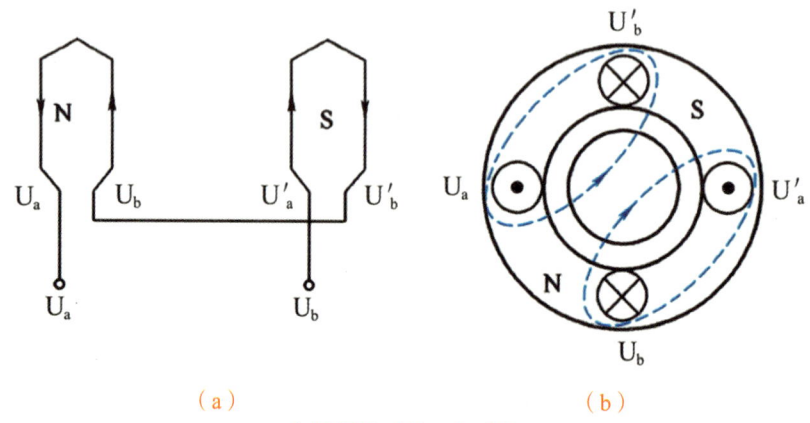

变极调速时的四极磁场

3. 恒转矩变频调速

除了上面两种方法，交流异步电机还可以采用保持U_1/f_1值恒定的恒转矩变频调速方法。其中，U_1表示定子相电压，f_1表示定子电源频率。

这种调速方法是，将f_1从额定值往下调，同时减小U_1，保持U_1/f_1值为常数。若负载转矩不变，则电机内部磁通和电机输出转矩也不变，故称为恒转矩变频调速。

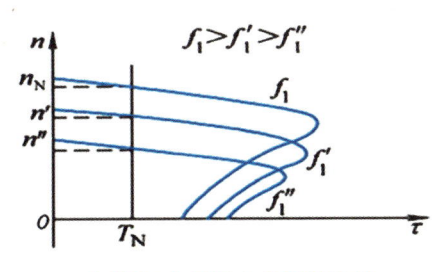

恒转矩变频调速的机械特性

最后，我们来介绍恒功率变频调速。

4. 恒功率变频调速

这种调速方法是将 f_1 从额定值往上调，由于一般不允许电机电源升高超过额定值，因此在 U_1 不变的情况下，调高 f_1 会使磁通减小，输出转矩也随之减小。

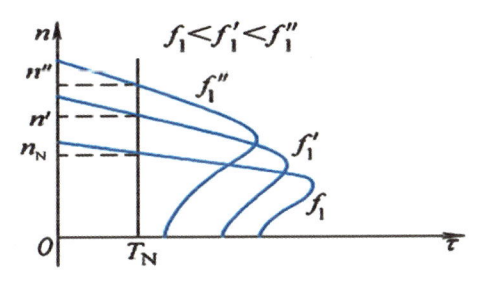

恒功率变频调速的机械特性

在实际应用中，我们可根据不同的负载采用不同的调速方法。通常恒转矩负载采用恒转矩变频调速方法，恒功率负载采用恒功率变频调速方法。

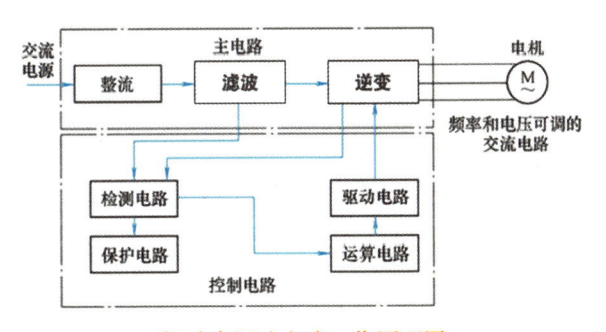

恒功率调速方式工作原理图

此外，想要实现变频调速就要有变频电源，变频电源是由变频器提供的。变频器的主电路包括整流、滤波和逆变三部分，其工作原理是：首先将交流电压通过整流变为直流电压，经滤波后通过逆变器将直流电压转换为频率可调的交流电压。

控制电路的功能是向主电路提供控制信号。控制电路包括对电压和频率运算的运算电路，对主电路进行电流、电压检测的检测电路，将运算电路的控制信号进行放大的驱动电路，以及保护电路四部分。

2.2.5 交流异步电机是如何进行制动的

当关闭三相交流异步电机的供电电源后,电机会依靠惯性继续转动一段时间后才停止。为保证机械工作的准确性,需要强迫电机迅速停止转动。常见的三相交流异步电机的制动方法有三种,分别是能耗制动、反接制动、反馈制动。

1. 能耗制动

这种制动方法是在电机断电之后,立即在定子绕组中通入直流电流,以产生一个恒定的磁场。它与继续转动的转子相互作用,产生一个与转子旋转方向相反的电磁转矩,迫使电机迅速停下来。如下图所示,当电机正常工作时,开关Q_1闭合运转侧;当电机制动时,开关Q_1断开,开关Q_2闭合制动侧。这种制动方法消耗能量小,制动准确平稳,但需要直流电源。

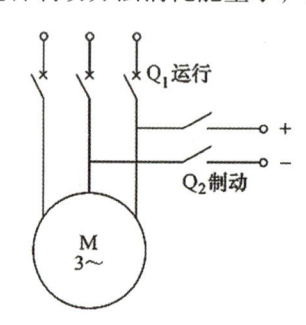

能耗制动电路

2. 反接制动

反接制动是将接到电机定子绕组三相电源的三根导线中的任意两根对调位置,即通过改变接入电机三相电源的相序来实现制动。当三相电源的相序改变时,电机旋转磁场立即反向旋转,产生的电磁转矩方向与原来的方向相反,即与电机由于惯性仍在转动的方向相反,因此起到了制动的作用。需要注意的是,当电机转速降为零时,应及时切断电源,否则电机将反向起动。这种制动方法简单,制动力矩大,但能量消耗也比较大。

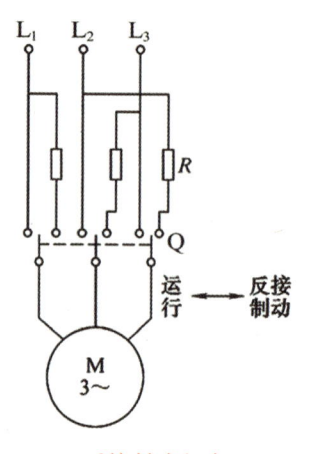

反接制动电路

3. 反馈制动

当转子的转速超过旋转磁场的转速时，转差率 s 小于 0，此时电机处于转子导体切割定子磁场的发电状态，实现能量再生反馈，转子中产生的感应电动势与感应电流的方向均与电机的电动状态相反，由此产生制动转矩，在此制动转矩的作用下，电机转速减小。反馈制动方法可以使减速制动时的能量转变为电能并储存于蓄电池中，实现能量回收，从而达到节能减排的目的。一般认为，在汽车非紧急制动的普通制动场合，约 1/5 的能量可以通过反馈制动来回收。

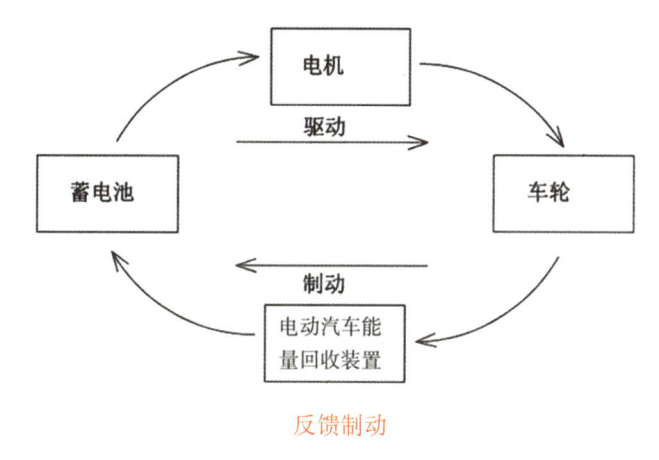

反馈制动

请同学们完成下面的思考题：
使用交流异步电机的电动汽车如何实现调速控制？

任务三 永磁同步电机

2.3.1 永磁同步电机的类型及构造

永磁同步电机的类型及构造

一、永磁同步电机的类型

永磁同步电机（PMSM）的转子磁钢的几何形状不同，使得转子磁场波形在空间的分布上可分为正弦波和梯形波两种。因此，当转子旋转时，在定子上产生的反电动势波形也有两种：一种为正弦波；另一种为梯形波。为了区别由这两种波形组成的永磁同步电机交流调速系统，习惯上又把正弦波永磁同步电机组成的调速系统称为正弦型永磁同步电机调速系统；而由梯形波（方波）永磁同步电机组成的调速系统，在原理和控制方法上与直流电机系统类似，故称这种调速系统为无刷直流电机（BLDCM）调速系统。

若永磁同步电机的转子磁路结构不同，则电机的运行特性、控制系统等也不同。根据永磁体在转子上的位置的不同，永磁同步电机主要分为表面式和内置式。在表面式永磁同步电机中，永磁体通常呈瓦片形，并位于转子铁心的外表面上，这种电机的主要特点是直、交轴的主电感相等。而内置式永磁同步电机的永磁体位于转子内部，永磁体外表面与定子铁心内圆之间有铁磁物质制成的极靴，其可以保护永磁体。内置式永磁同步电机的主要特点是直轴主电感与交轴主电感并不相等。因此，这两种电机的性能也有所不同。

永磁同步电机

二、永磁同步电机的基本结构

永磁同步电机（其内部剖面图如下图所示）具有高效、高控制精度、高转矩密度、良好的转矩平稳性及低振动噪声的特点，通过合理设计永磁同步电机的结构能获得较高的弱磁性能，在新能源汽车驱动方面具有很高的应用价值，受到国内外新能源汽车界的高度重视，是最具竞争力的新能源汽车电机驱动系统之一。

永磁同步电机内部剖面图

永磁同步电机的定子与普通电机的定子基本相同，都是由定子铁心和定子绕组构成的。定子铁心一般采用0.5mm的硅钢片叠压而成，对于具有高效率指标或频率较高的电机，为了减少铁耗，可以考虑使用0.35mm的低损耗冷轧无取向硅钢片。定子绕组则普遍采用分布、短距绕组；对于极数较多的电机，则普遍采用分数槽绕组；当需要进一步改善电动势波形时，也可以考虑采用正弦绕组或其他绕组。

三、永磁同步电机的转子组成

永磁同步电机的转子主要由永磁体、转子铁心和转轴等构成，如下图所示。其中，永磁体主要采用铁氧体永磁材料和钕铁硼永磁材料；转子铁心可根据磁极结构的不同，选用实心钢，或选用钢板或硅钢片冲压成型后叠压而成。

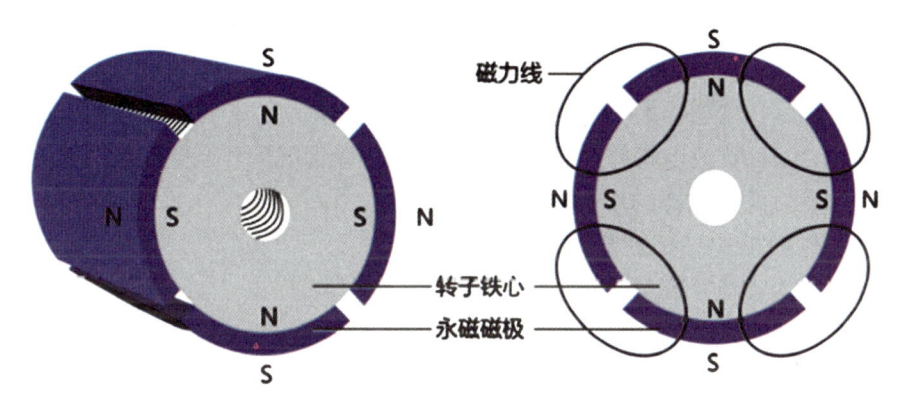

永磁同步电机的转子结构图

注：磁力线是用于描述磁场分布的假想曲线。
　　永磁磁极是永磁体在电机中形成的具有特定极性（N极和S极）的磁场区域。

四、永磁同步电机的转子位置传感器

目前，永磁同步电机的转子位置传感器有很多种类型，如光电式、霍尔式等。在控制精度要求相对较高的场合，也会采用正弦或余弦旋转变压器这类转子位置传感器。但无论哪种类型的转子位置传感器，其本质都是用来测量转子位置信息的，只是其体积大小、安装的方便程度、成本高低及可靠性要求不同而已。

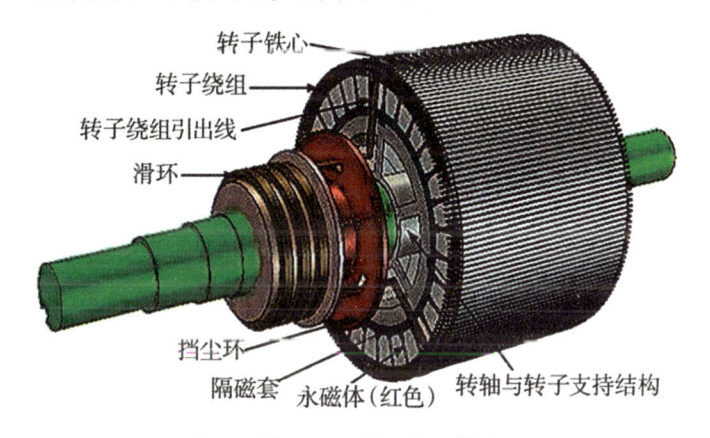

永磁同步电机的转子位置传感器

转子位置传感器将转子的位置信号反馈给控制芯片，控制芯片经过电流采样和数学变换，并根据反馈的位置信息进行闭环运算，随后，控制芯片按全新计算得出的PWM占空比输出信号，以此触发功率器件。实际上，逆变器是可自控的，由自身的"反馈—调整"机制来保证电机的转速稳定和电流输入频率同步，并避免震荡或失步的发生。

2.3.2 永磁同步电机的拆装

准备工作和拆装步骤

1. 准备工作。

（1）在拆卸前，要用压缩空气喷枪吹净电机表面的灰尘，并将电机表面擦拭干净。

（2）选择合适的拆装电机的地点，并清理现场，确保现场环境整洁有序。

（3）熟悉电机的结构特点和检修技术要求。

（4）准备好拆卸电机所需的工具（包括专用工具）。

（5）切断电源，拆开电机外部的接线并做好记录。

2. 拆装步骤。

（1）拆下永磁同步电机的所有接线，同时做好复位标记和记录。拆卸电机位置传感器。观察电机的结构和铭牌并填写工作页。

（2）拆下永磁同步电机的端盖螺栓，并取下前端盖。拆卸之前，先在前端盖与电机壳体上做好原位置标记，然后在前端盖边缘处垫以木楔，用铁锤沿前端盖的边缘均匀地敲打，使前端盖止口慢慢地脱开电机壳体。

（3）使用拉马工具，取下电机后端盖。拆卸之前，应先在后端盖与电机壳体上做好原位置标记，以方便安装。

（4）使用转子拆卸专用工具，取出永磁同步电机的转子。注意：在取出时应当确保转子内部的永磁体不掉落，不受到外力冲撞，以免永磁体损伤甚至碎裂。

（5）取出永磁同步电机的转子后需检查转子轴前侧、后侧两个轴承的工作情况，若轴承损坏，则可以使用拉马工具拉拔出轴承并进行更换。

（6）电机装配前，要清理定子、转子内外表面的尘垢，并使用蘸取专用电机清洗剂或无水乙醇的棉布擦拭干净，确保表面无油污、铁屑等杂质。

（7）将永磁同步电机转子轴安装在定子内，需要注意的是，转子轴有极大的磁吸力，需要规范操作，防止夹伤手指。

（8）对准原位置标记，分别安装永磁同步电机的前端盖与后端盖。

（9）按照转矩对称方式安装电机端盖螺栓。

（10）安装电机位置传感器。

（11）安装电机外部接线柱并插接线束。

（12）检查电机外观，确认是否已完整安装到位。

2.3.3 永磁同步电机的工作原理和控制技术

一、永磁同步电机的工作原理

永磁同步电机的起动和运行，依赖于定子绕组、转子笼型绕组和永磁体这三者产生的磁场的相互作用。当电机静止时，给定子绕组通入三相对称电流，产生定子旋转磁场，定子旋转磁场相对于转子旋转并在转子笼型绕组内产生电流，形成转子旋转磁场，定子旋转磁场与转子旋转磁场相互作用产生的异步转矩使转子由静止开始加速转动。在这个过程中，转子永磁磁场与定子旋转磁场的转速不同，会产生交变转矩。当转子加速到转速接近同步转速时，转子永磁磁场与定子旋转磁场的转速接近相等；当定子旋转磁场转速稍大于转子永磁磁场转速时，它们相互作用产生转矩将转子牵入同步运行状态。

在同步运行状态下，转子笼型绕组内不再产生电流。此时，在转子上只有永磁体产生磁场，它与定子旋转磁场相互作用，产生驱动转矩。由此可知，永磁同步电机是靠转子绕组的异步转矩实现起动的。起动完成后，转子绕组不再起作用，由永磁体和定子绕组产生的磁场相互作用产生驱动转矩。

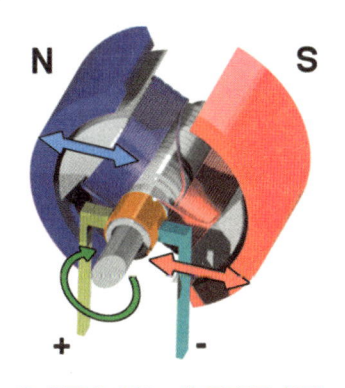

永磁同步电机工作原理示意图

二、永磁同步电机的控制技术

在控制策略方面，永磁同步电机控制系统可以采用矢量控制或直接转矩控制等先进的控制策略。采用矢量控制策略，通过三闭环（电流闭环、磁极位置闭环和转速闭环）对电机进行控制。

矢量控制最初应用于异步电机的转速控制。其基本原理是，检测和控制异步电机的定子电流矢量，根据磁场定向原理，对异步电机的励磁电流和转矩电流进行控制，从而达到控制异步电机转矩的目的。矢量控制的具体原理是将异步电机的定子电流矢量分解为产生磁场的电流分量（励磁电流）和产生转矩的电流分量（转矩电流），并分别加以控制，主要是控制两个分量的幅值和相位，也就是控制定子电流矢量，因此称这种控制方式为矢量控制方式。

1. 最大转矩／电流比控制

矢量控制方式一般采用调整最大转矩／电流比的控制方法来实现电机的恒转矩控制。在恒转矩控制的过程中，随着电机转速的增大，电枢绕组的反电动势也会增加。当增大到逆变器允许的最大输出电压U_{slim}时，电机的转速也就达到了恒转矩控制时的最高转速。

2. $i_d=0$ 控制

从本质上看，$i_d=0$控制也属于最大转矩／电流比控制，它是相对于表面贴片式永磁同步电机来说的。由于其d轴和q轴的电感基本相等，其d轴上的电流为0。因此，在采用$i_d=0$控制策略时，定子电流中只有交流分量，并且定子磁动势的空间矢量与转子永磁体产生的磁场空间矢量正交，定子电流中只有转矩分量。如果在永磁同步电机的整个运行过程中保证$i_d=0$，转矩将只受到i_q的影响。这样，在产生相同转矩的条件下，所需的定子电流最小，可以大大降低铜损耗，从而提高电机系统的效率。

3. 弱磁控制

通过以上对$i_d=0$控制策略的分析可知，它主要是针对转矩的控制，因此当需要改善电机在其他工作区间内的调速性能时，就需要进行弱磁控制。

2.3.4　永磁同步电机的性能特点及检测

一、永磁同步电机的性能特点

1. 永磁同步电机的效率

永磁同步电机在低速运行时的效率较低。如何通过设计降低低速能耗，减小低速额定电流是目前研究的热点之一。

2. 永磁同步电机的弱磁能力

永磁同步电机的转子采用永磁体励磁，随着转速的升高，电机的电压会逐渐达到逆变器所能输出的电压极限。这时想要继续提高转速，只能通过调节定子电流的大小和相位，增加直轴去磁电流，以此实现等效弱磁的效果，进而提高电机转速。

3. 永磁同步电机的驱动特性

（1）短时功率、转矩密度和宽调速范围。低速（恒转矩区）运行应能够提供大转矩，以满足起动、爬坡等要求；能够提供高转速，以满足汽车高速行驶及超车等要求。

（2）在整个运行范围内具有高效率，该特性的目的是增加新能源汽车一次充电的行驶距离。

（3）有较强的过载能力、快速的动态响应及良好的加速性能，该特性的目的是适应路面变化及频繁起动和刹车等复杂的运行工况。

（4）可靠性高，重量轻，体积小，成本合理。新能源汽车的性能指标主要包括加速度、经济车速、最高车速、爬坡能力、续驶里程。

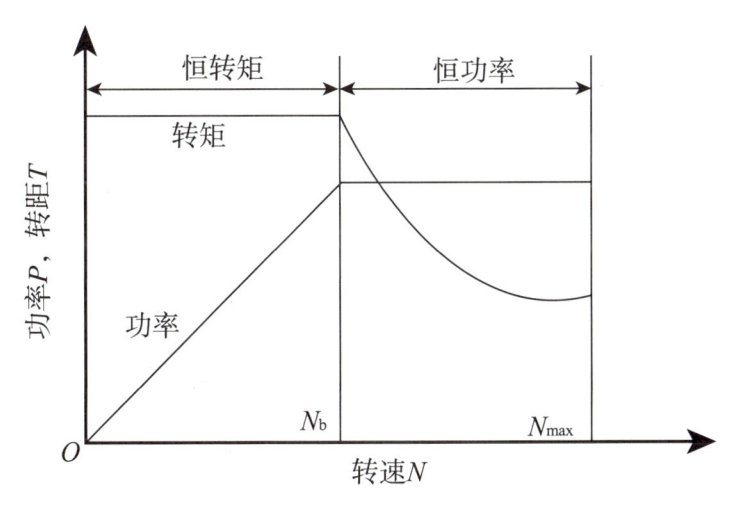

永磁同步电机的驱动特性图

二、永磁同步电机的检测

1. 绝缘检测

使用绝缘测试仪进行检测，将测试仪的两个电极分别接在电机绕组上和大地上，测试仪会显示出绝缘电阻值，以此来判断电机绕组与壳体之间的绝缘是否有破损或老化等现象。

绝缘检测

2. 磁极检测

使用磁场测试仪进行检测，将测试仪放在电机的磁极旁边，测试仪会显示出磁场值，以此判断磁极磁场是否稳定且有没有变形。

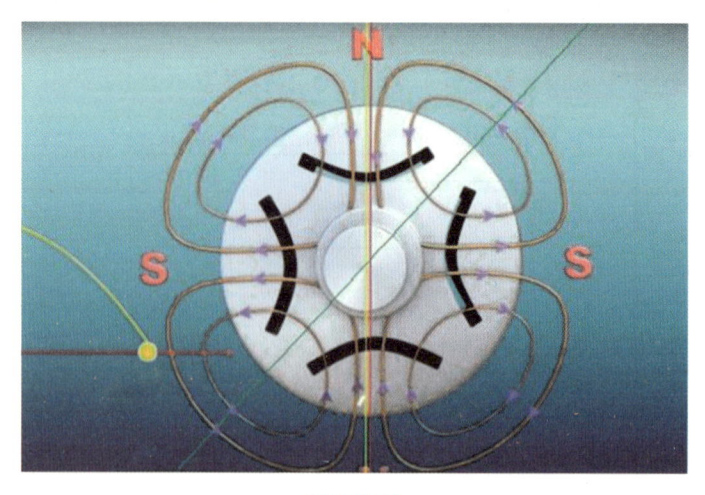

磁极检测

3. 转子平衡检测

使用平衡测量仪进行检测，将电机的转子放入平衡测量仪中，平衡测量仪会显示出转子的平衡状态，确保电机在高速运转时不会出现振动和噪声。

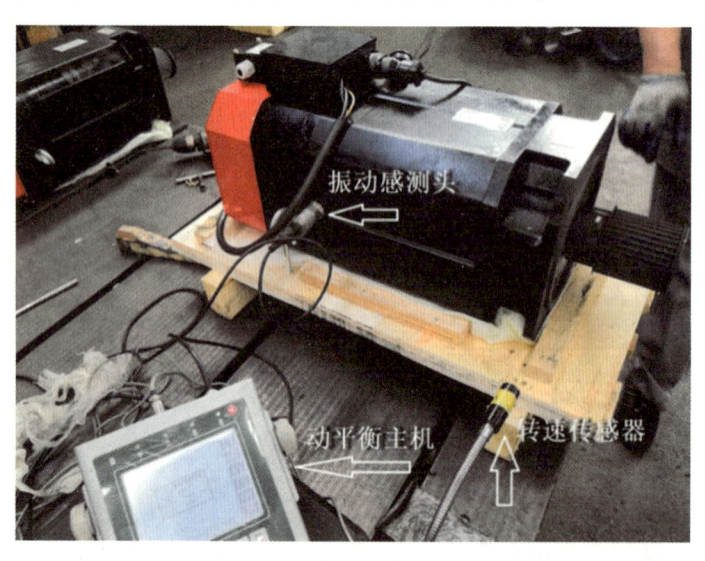

平衡测量仪

4. 电气参数检测

使用万用表等测试仪器进行检测，直接测量电机的电阻、电感和电容等参数，以确保电机正常运行。

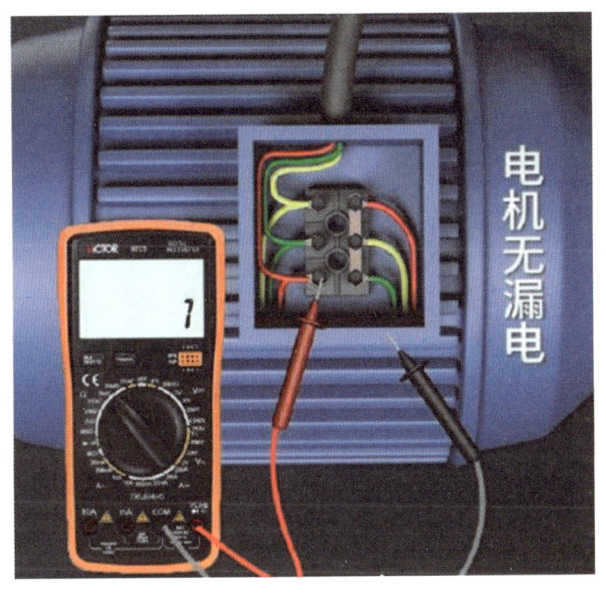

电气参数检测

5. 动态特性检测

使用测试系统对电机进行动态特性检测，通过对电机进行起动、制动、转速等测试，确定电机的运行状态。

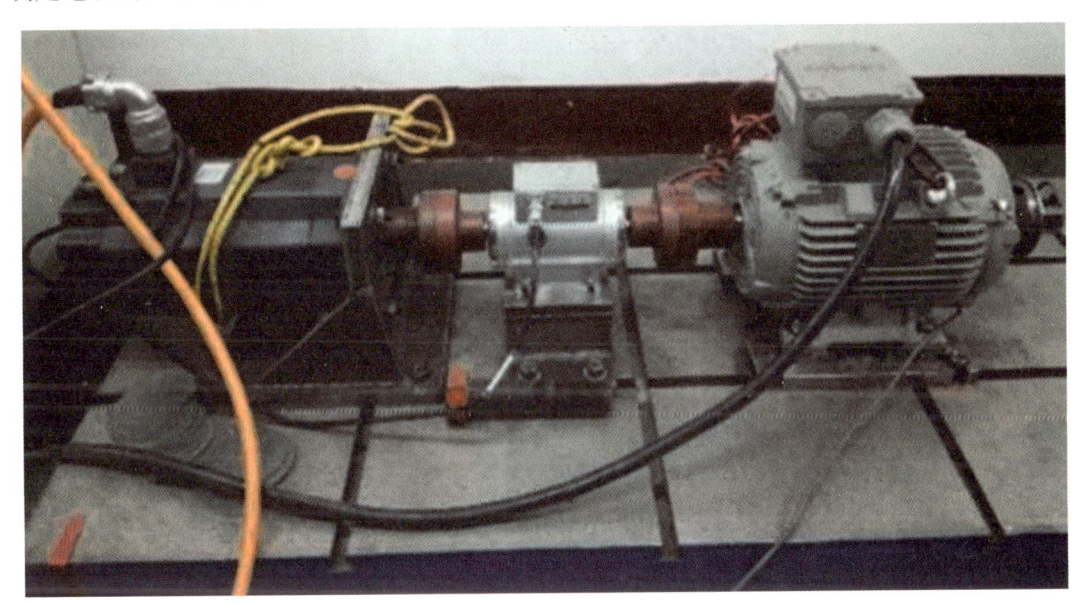

动态特性检测

三、永磁同步电机检测的注意事项

（1）检测前应对测试仪器进行校准，保证测试结果的准确性和可靠性。

（2）检测时应按照电机制造商的规定进行测试，严格按照测试流程进行操作，避免测试误差和测试不全面。

（3）检测时应注意安全，对于高压电源和高温部件应特别注意，避免发生安全事故。

（4）检测时应注意对电机进行保护，避免损坏电机。

（5）检测后应认真记录测试结果，对于不合格的部件应及时更换或修理，确保电机正常运行。

任务四　新型电机

2.4.1　轮毂电机的构造

一、轮毂电机系统的概念

轮毂电机系统是一种将电机直接安装在车辆车轮轮毂内的新型驱动系统，主要由轮毂电机、传动装置、控制系统等组成。

轮毂电机的构造

轮毂电机

二、轮毂电机系统的发展历史

轮毂电机系统的诞生可以追溯到电动汽车诞生的初期，而轮毂电机在电动汽车上的广泛应用主要集中在近几年的概念车上。1900年，保时捷研制出了一款前轮（装备了轮毂电机）驱动的双座电动汽车，并在电动汽车比赛中取得了较好的成绩。1902年，保时捷就研制出了采用发动机和轮毂电机的混合动力汽车，取得了山地汽车拉力赛的好成绩。

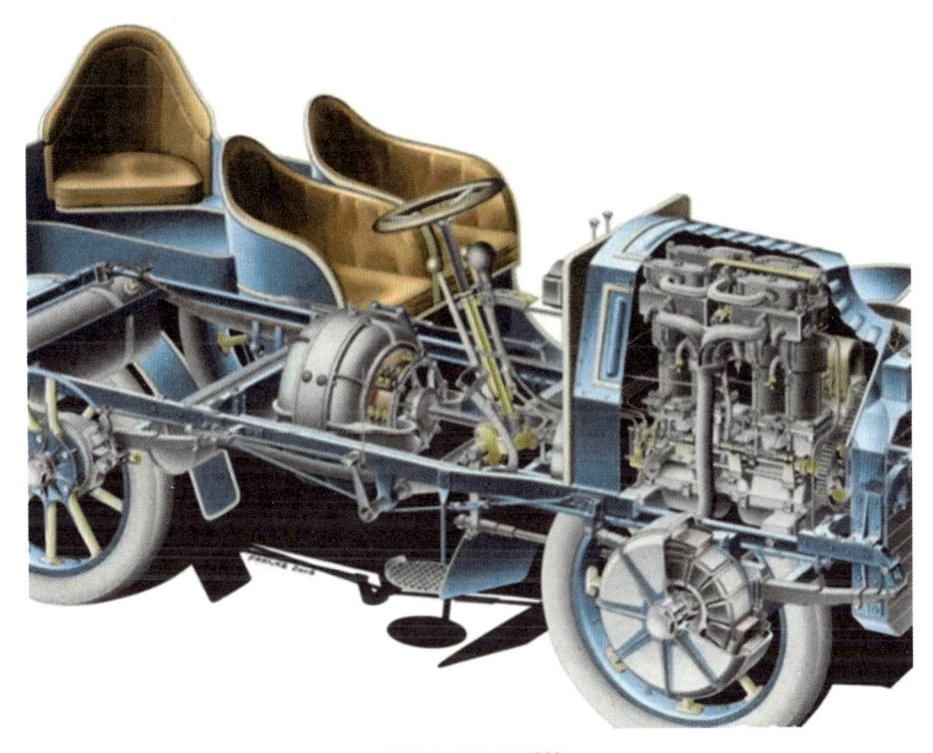

早期轮毂电机系统

20世纪50年代，美国人罗伯特发明了电动汽车轮毂，并申请了专利。1968年，这种轮毂电机被通用电气公司应用在大型矿用自卸车上。采用轮毂电机的电动汽车具有一个明显的优点，就是可以采用扁平的车架结构，因此轮毂电机在需要频繁起停、上下车的城市公共交通客车上被大量应用。直到20世纪80年代，随着电池技术和电机技术的不断进步，采用轮毂电机的电动汽车才逐渐走进人们的视野。

三、轮毂电机的结构、电机应用类型及特点分析

1. 轮毂电机的结构

轮毂电机主要由电机控制器、电机定子、电机转子、制动装置、轮毂轴承等组成。

根据汽车的运行工况和负载要求，由电机控制器提供控制信号，通过功率变换器分配给每个轮毂所需的电压和电流，以控制各电机的运行状态，实施能量转换。

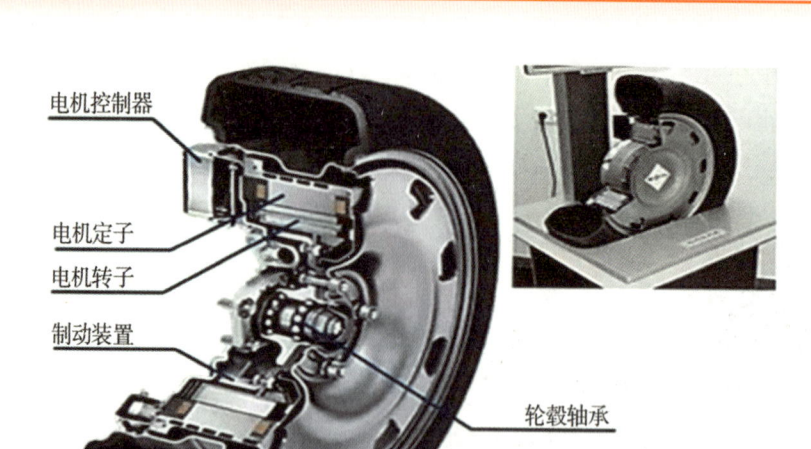

轮毂电机的结构

2. 电机应用类型及特点分析

要使电动汽车有较好的使用性能，驱动电机应具有较宽的调速范围、较高的转速、足够大的起动转矩，且体积小、重量轻、效率高，还应具有强动态制动和能量回馈等特性。

四、轮毂电机面临的新挑战

轮毂电机面临的新挑战主要包括：

（1）轮毂电机系统集驱动、制动、承载等多种功能于一体，优化难度大。

（2）车轮内部空间有限，对电机功率密度性能要求高，设计难度大。

（3）电机与车轮集成导致非簧载质量较大，恶化悬架隔振性能，影响不平路面行驶条件下的汽车操控性和安全性。同时，轮毂电机将承受很大的路面冲击载荷，电机抗震要求苛刻。

（4）在汽车大负荷低速爬长坡的工况下，轮毂电机容易因冷却不足而过热烧毁，所以轮毂电机的散热和强制冷却问题需要得到特别重视。

（5）车轮部位容易遇到积水和污物等，导致电机被腐蚀或破坏，其寿命长度和可靠性也会受到影响。

（6）轮毂电机运行转矩的波动可能会引起汽车轮胎、悬架、转向系统的振动和噪声，以及其他整车声振问题。

2.4.2 轮毂电机的工作原理

一、轮毂电机工作原理详解

1. 当电动汽车在恒速、加速或上坡运行时——电动状态
（1）动力蓄电池向功率变换器输送直流电。
（2）功率变换器将直流电分别转换成四个电机所需的电压和电流。

2. 当电动汽车在滑行减速或下坡时——回馈制动状态
电动汽车在惯性力的作用下克服车轮与地面之间的摩擦力及空气阻力后，系统还有足够的动力带动电机旋转，车轮剩余的机械能转换为电能，并通过功率变换器回馈给电源，实现能量回馈。

3. 当电动汽车在制动停车时——电磁制动状态
（1）由功率变换器供电给各电机，产生与电动轮运行方向相反的电磁转矩，起动电磁制动功能。
（2）良好的电磁制动能力可减小机械制动的运行频率，避免机械制动固有的热衰退现象。这样既可提高机械制动器的使用寿命，又可提高汽车的行驶安全性。

二、轮毂电机制动能量回馈的意义

在频繁制动与起动的工况中，制动能量约占总驱动能量的50%，通过能量回馈可以使电动汽车一次充电后的行驶里程延长10%～30%。

三、轮毂电机系统的特点分析

通常，电动汽车采用集中电机驱动的动力系统结构型式。这种结构型式具有以下优点：
（1）可以沿用内燃机动力车的部分传动装置，布置在原发动机舱中，继承性好；
（2）可以采用电机和减速机构，乃至控制器的集成结构型式，结构紧凑，便于处理电机冷却、隔振及电磁干扰等问题；
（3）整车总布置形式与内燃机接近，前舱热管理、隔声处理、碰撞安全性与原车接近或者容易处理。

轮毂电机

缺点是：

（1）传动链长，传动效率低；

（2）要求使用高转速、大功率的电机，对电机的性能要求高。

除了集中电机驱动方式，还有分散电机驱动方式。分散电机驱动方式相对于集中电机驱动方式具有以下优点：

（1）以电子差速控制技术实现转弯时内外车轮不同的转速运动，并且精度更高；

（2）取消机械差速器有利于减轻动力系统重量，提高传动效率，降低传动噪声；

（3）有利于整车总布置的优化和整车动力学性能的匹配优化；

（4）降低对电机的性能指标要求，且具有冗余可靠性高的特点。

分散电机驱动方式还具有以下缺点：

（1）为满足各轮运动协调，对多个电机的同步协调控制要求高；

（2）电机的分散安装布置提出了结构布置、热管理、电磁兼容，以及振动控制等多方面的技术难题。

分散电机驱动通常有轮毂电机和轮边电机两种方式。所谓轮边电机方式是指每个驱动车轮由单独的电机驱动，但电机不是集成在车轮内的，而是通过传动装置（如传动轴）连接到车轮的。采用轮边电机方式的驱动电机属于簧载质量范围，悬架系统的隔振性能好。但是，安装在车身上的驱动电机对整车总布置的影响很大，尤其是在后轴驱动的情况下。另外，由于车身和车轮之间存在很大的随机变形运动，对传动轴的万向传动也具有一定的限制。

轮边电机方式

与轮边电机方式相比，轮毂电机方式具有明显的优点，主要包括：

（1）可以完全省略传动装置，大大提高整体动力利用效率；

（2）轮毂电机使得整车总布置可以采用扁平化的底盘结构，车内空间和布置自由度得到极大的改善；

（3）车身上几乎没有大功率的运动部件，整车的振动、噪声及舒适性得到极大的改善；

（4）轮毂电机方式便于实现四轮驱动形式，极大地改善了整车的动力性能；

（5）轮毂电机作为执行元件，利用响应速度快而准确的优点便于实现包括线控驱动、线控制动，以及整车动力学控制在内的整车动力学集成控制，提高了整车的主动安全性。

2.4.3 轮毂电机的控制策略

随着微电子与计算机技术的发展，轮毂电机、电子转向线控技术和智能控制技术得以广泛运用。借助这些技术，各车轮的驱动力能够直接被独立控制，这使得系统结构大幅简化，响应速度显著提升，抗干扰能力也得以增强，进而大大提高整个系统的综合性能。因此，无论是前驱形式、后驱形式还是四轮驱动形式，它都可以比较轻松地实现转速变化和转向变化，四轮驱动在轮毂电机驱动的汽车上实现起来非常容易。

轮毂电机的控制策略

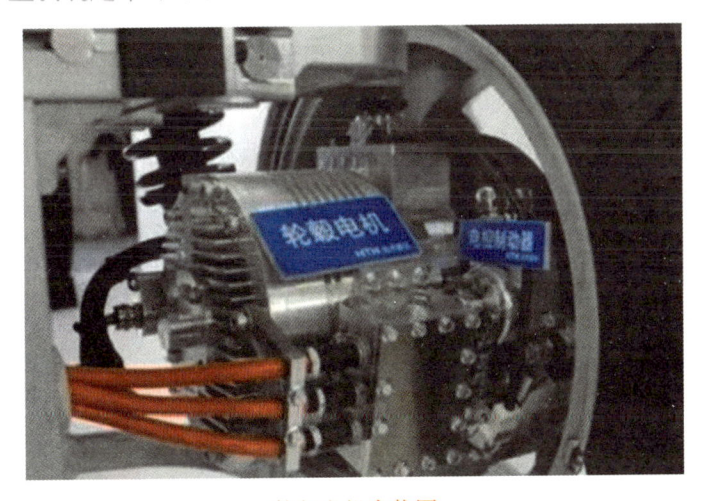

轮毂电机实物图

1. 轮毂电机的驱动方式

轮毂电机的驱动方式可以分为减速驱动方式和直接驱动方式两大类。

在减速驱动方式下，电机一般在高速下运行，并且对电机的其他性能没有特殊的要求，因此可选用普通的内转子电机。减速机构放置在电机和车轮之间，起到减速和增加转矩的作用。

2. 轮毂电机的优点

轮毂电机驱动系统的布置非常灵活，与内燃机汽车和单电机集中驱动电动汽车相比，使用轮毂电机驱动系统的汽车具有以下五个方面的优势：

（1）动力控制由硬连接形式改为软连接形式。通过电子线控技术，实现各电动轮从零到最大速度的无级变速和各电动轮间的差速要求，从而省略了传统汽车所需的机械式操纵换挡装置、离合器、变速器、传动轴和机械差速器等，使驱动系统和整车结构更简化，可利用空间更大，传动效率得到提高。

（2）各电动轮的驱动力直接独立可控，这让动力学控制更为灵活、方便；合理控制各电动轮的驱动力，从而提高汽车在恶劣路面条件下的行驶性能。

（3）容易实现各电动轮的电气制动、机电复合制动和制动能量回收。

（4）底架结构大为简化，使整车总布置和车身造型设计的自由度增加。若能将底架承载功能与车身功能分离，则可实现相同底盘、不同车身造型的产品多样化和系列化，从而缩短新车型的开发周期，降低开发成本。

（5）若在采用轮毂电机驱动系统的四轮电动汽车上导入线控四轮转向技术（4WS），实现汽车转向行驶高性能化，可有效减小转向半径，甚至实现零转向半径，提高了转向灵便性。

3. 轮毂电机的控制策略

电机驱动系统的关键性能指标有输出转矩和调速特性。下面将主要从这两个方面出发，对永磁轮毂同步电机控制系统的控制策略进行分析。利用转子位置传感器检测转子磁极位置信号，通过对电流的闭环控制，使得电机的实际输入电流与给定电流保持一致，实现电机的高效化控制。采用的表面贴片式永磁轮毂同步电机，其具有表面贴片式永磁同步电机的优点。直轴电流i_d（励磁电流）和交轴电流i_q（转矩电流）是各自独立的，因此可以通过对它们的独立控制，实现对电机转矩和转速的控制。

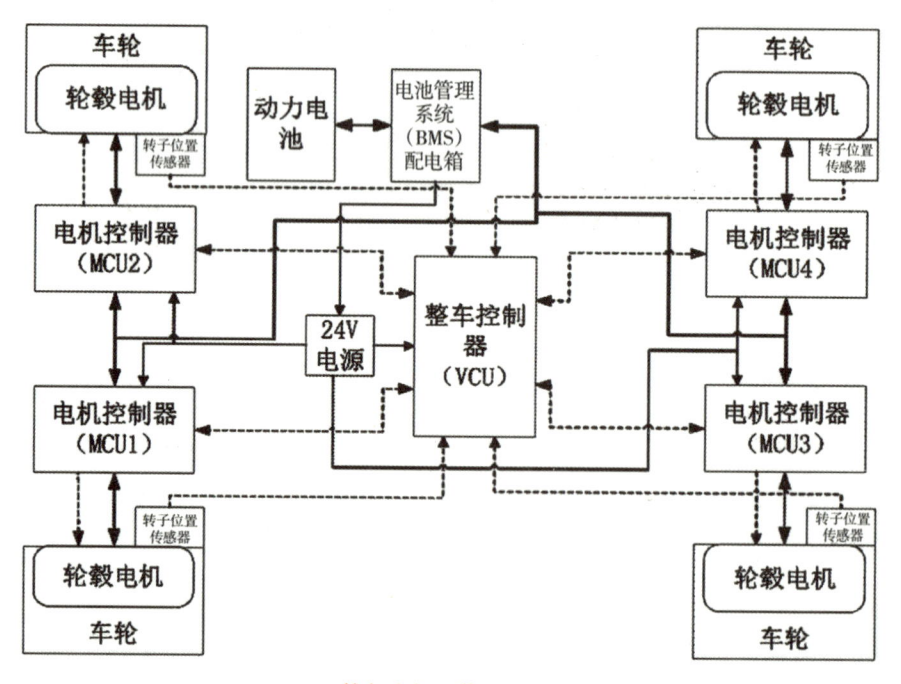

轮毂电机工作原理图

（1）电流闭环控制。目前，电机控制系统大多采用电流闭环控制的策略。电流闭环控制是指，检测电机的实际输出电流，并与预先设定的参考输入值相比较，从而得出它们之间的误差，然后通过一定的控制算法对该误差进行处理，尽量使得实际输出值与参考值保持一致，以此提升电机的可操控性。

（2）位置信号检测。转子位置传感器是永磁同步电机矢量控制系统的重要部件。永磁同步电机矢量控制系统的控制精度是以转子磁极位置信号的检测精度为前提的。转子位置传感器能够动态检测电机转子磁极位置，通过该检测对电机转子磁链进行有效的跟踪，进而实现对磁链的定向控制。

（3）电压电流的监控。以动力电池为能量源的电动汽车电机驱动系统，监控驱动电池侧（直流侧）的输出电压和输出电流是十分必要的。这是因为动力电池作为电机逆变器的输入侧，对逆变器起着决定性的作用。动力电池的输出电压及输出电流的大幅度波动，所产生的冲击会对逆变器造成很大的威胁，甚至烧毁逆变器，并且对电动汽车的安全性也有很大的影响。

（4）永磁无刷直流电机的工作特性及控制技术。永磁无刷直流电机是在直流电机的转子上装置永久磁铁，不再用电刷和换向器为转子输入励磁电流。

2.4.4　混合励磁电机的工作原理

学习目标：

1. 了解混合励磁电机的概念
2. 掌握混合励磁电机的气隙磁场调节原理
3. 培养学生严谨认真的职业态度

混合励磁电机的内部励磁源由永磁和电励磁两种励磁源有机结合而成，它具有气隙磁场调节方便、功率密度高、转速范围宽、效率高等优点，在工业驱动、新能源发电和交通运载装备等领域具有广阔的应用前景。从混合励磁电机的基本概念出发，混合励磁电机有混合励磁同步电机和混合励磁场调制电机两种拓扑形式，不同拓扑形式的混合励磁电机具有不同的结构特点和磁通调节方式。

一、混合励磁与混合励磁电机的概念

混合励磁：也称组合励磁或复合励磁，由两种励磁源相互作用，共同实现电磁能量转换。

混合励磁电机：一种新型电机，它在保持电机较高效率的前提下，改变电机的拓扑结构，由永磁和电励磁这两种励磁源共同作用产生电机主磁场。通过这种方式，实现对电机的主磁场灵活调节与精准控制，有效改善了电机在调速、驱动或调压方面的性能。

混合励磁电机的特性有以下五点：

（1）具有调节气隙磁场的能力；

（2）具有较小的电枢反应电抗；

（3）具有和电励磁电机一样的气隙磁场平滑可调的优点；
（4）用作发电机，可获得较宽的调压范围；
（5）用作电动机，具有宽调速特性。

二、混合励磁电机的气隙磁场调节原理

1. 混合励磁电机的调节方式

当电机结构参数、电枢绕组匝数、外加电压一定时，混合励磁电机能够驱动电动机运行。电机的最大转速与气隙磁密成反比，有效拓宽了电机的调速范围。

当电机用作发电机运行时，输出电压与电机转速及气隙磁密成正比，通过改变气隙磁密，可以实现对输出电压的调节。

在变速运行的情况下，通过调节气隙的磁密数值，可实现电机的恒压输出控制。

混合励磁电机的气隙磁密由永磁体和电励磁绕组共同产生，而转速（或电压）调节所需的磁场变化则依靠辅助的电励磁绕组来实现。

当电励磁磁场的方向与永磁磁场的方向相同时，气隙磁场增强；当电励磁磁场的方向与永磁磁场的方向相反时，气隙磁场减弱。

通过调节电励磁绕组电流的大小和方向，一方面可以实现电机磁场的弱磁控制，使电机具有宽广的恒功率调速范围；另一方面还可以进行增磁控制，满足驱动负载在低速、大转矩工况下的运行需求。

混合励磁电机的磁场调节手段简单、直接，实现了对电机气隙磁场的独立调节与控制。

2. 以轴向组合转子混合励磁电机为例

轴向组合转子混合励磁电机的磁路结构是并联形式的，其永磁磁路和电励磁磁路相互独立。

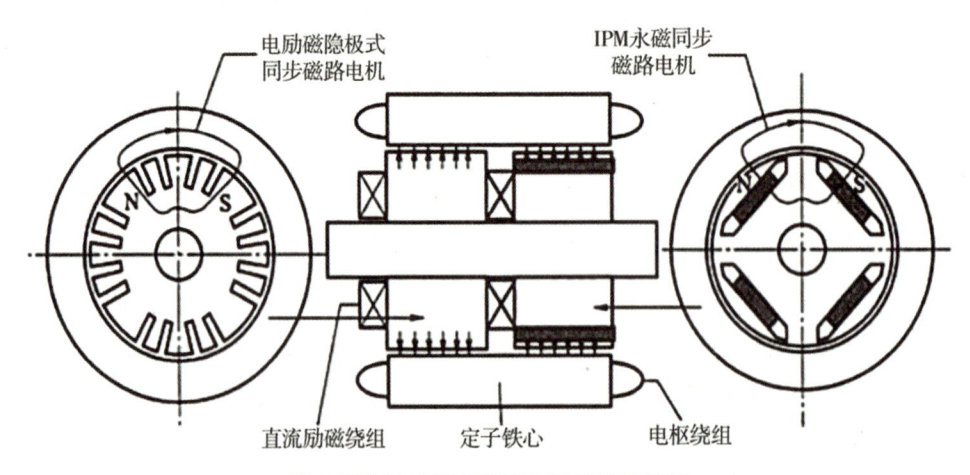

轴向组合转子混合励磁电机的磁路结构

对于电励磁转子段：电励磁磁通从转子磁极N极→气隙→定子铁心→气隙→转子磁极S

极→转子铁心轭部，再回到转子磁极N极。

对于永磁转子段：永磁体磁通从永磁磁极N极→转子铁心→气隙→定子铁心→气隙→永磁磁极S极→转子铁心轭部，再回到永磁磁极N极。

当通入某一方向的电励磁电流后，同一极下的电励磁转子的磁极极性和永磁转子的磁极极性相同，感应电动势增大，电机的每极磁通增大，电励磁起到了助磁的作用，则电机的转速将减小；

当通入反方向的电励磁电流后，同一极下的电励磁转子的磁极极性和永磁转子的磁极极性相反，电机的每极磁通被削弱，感应电动势也相应减小，电励磁电流起到了弱磁的作用，则电机的转速将增加。

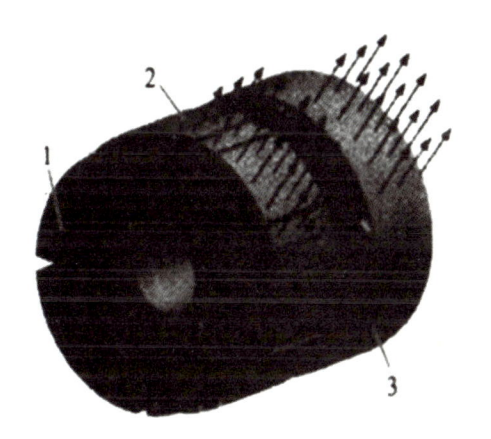

（a）助磁模式　　　　　　　　　　（b）弱磁模式
1—直流励磁绕组；2—电励磁转子；3—永磁转子
轴向组合转子混合励磁电机的磁场控制

三、混合励磁电机面临的技术瓶颈

虽然高性能混合励磁电机凭借其高效率、高转矩密度、高功率因数等优势，在电机驱动系统中发挥了重要作用，但仍然面临一些技术瓶颈：

（1）电动汽车行驶工况多、速度范围较大，经常需要驱动电机工作在高速弱磁状态，会带来额外铜损耗及永磁体不可逆退磁风险，牺牲电动汽车的行驶里程和可靠性；

（2）混合励磁电机高速旋转时不可避免地产生过压反电势，当弱磁电流故障失效时，电机的不可控反电势直接威胁整个驱动系统；

（3）高性能稀土永磁体（永磁体中含有作为合金元素的稀土金属）供应有限、价格波动大，不利于电动汽车的成本控制。

混合励磁电机

2.4.5 混合励磁电机的构造

学习目标：

1. 了解混合励磁电机的结构分类
2. 掌握混合励磁电机的结构特点
3. 了解混合励磁电机的发展趋势
4. 培养学生严谨认真的职业态度

混合励磁电机的构造

随着全球工业化进程的加快，单一励磁电机（如永磁电机）已不能满足当前工业生产的需要，一种由两种励磁源相互作用，共同实现电磁能量转换的新型电机诞生了，这就是混合励磁电机。混合励磁电机不仅继承了永磁电机的特性，其气隙磁场更平滑，并且能够灵活调节。在运行过程中，混合励磁电机起动的转矩更大，速度调节的范围更广，发电时电压的调节能力也更强。混合励磁电机渐渐取代了永磁电机，并在工业设备和产品中得到了更广泛的应用。

混合励磁电机

一、混合励磁电机的结构分类

混合励磁电机中存在两个磁动势源：永磁体磁动势和电励磁磁动势。

永磁体磁动势电机具有功率密度高和效率高的优势，动态响应速度较快。其内部只存在单一的永磁励磁源，带来了磁场调节困难的固有问题，限制了电机在电动运行时的调速范围、高效区拓展，以及发电运行时的调压能力和故障保护能力。

电励磁磁动势的幅值和方向可调，可看作一个可变磁动势源。它能随意调节气隙磁场，弥补永磁体磁动势电机不可调速的问题，可以进一步拓宽电机的转速范围。

混合励磁电机按照永磁体磁动势和电励磁磁动势的相互作用关系，可以分为串励式、并励式和混励式。

二、混合励磁电机的结构特点

1. 串励式混合励磁电机

（1）在永磁体磁路上叠加一个电励磁磁动势源，在大部分负载下都能保持较高的运行效率。

（2）助磁幅度受到限制，弱磁范围不大。

（3）调磁范围有限，对永磁体有不可逆退磁的危险，且产生单位磁通的励磁功率较大，电机整体效率较低。

（4）串励式混合励磁电机还具有结构紧凑、漏磁小的优点。

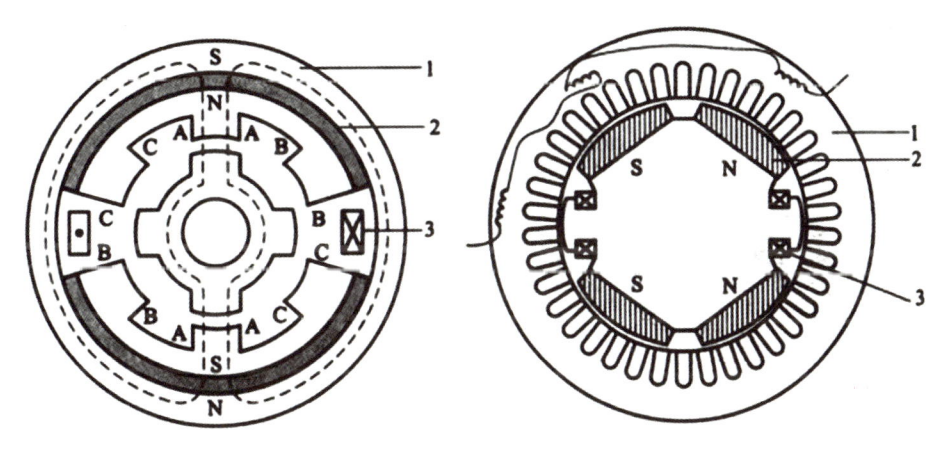

(a) 双凸极混合励磁电机　　(b) 同步/永磁混合励磁电机
1—定子轭部；2—永磁体；3—直流励磁绕组
典型的串励式混合励磁电机结构

2. 并励式混合励磁电机

（1）并励式结构是指永磁电机和电励磁同步电机组合后共用一个定子铁心和定子绕组。

（2）并励式混合励磁电机的转子有两种组合形式：一种是永磁转子和电励磁转子沿轴向组合；另一种是永磁转子和电励磁转子沿周向组合。

（3）励磁损耗小、控制磁场能力强，永磁体没有不可逆退磁的危险。

（4）如果轴向组合转子式混合励磁电机的励磁绕组一侧端部占据了定子铁心和定子绕组的有效空间，会降低材料的有效利用率，导致电机成本增加，效率降低。

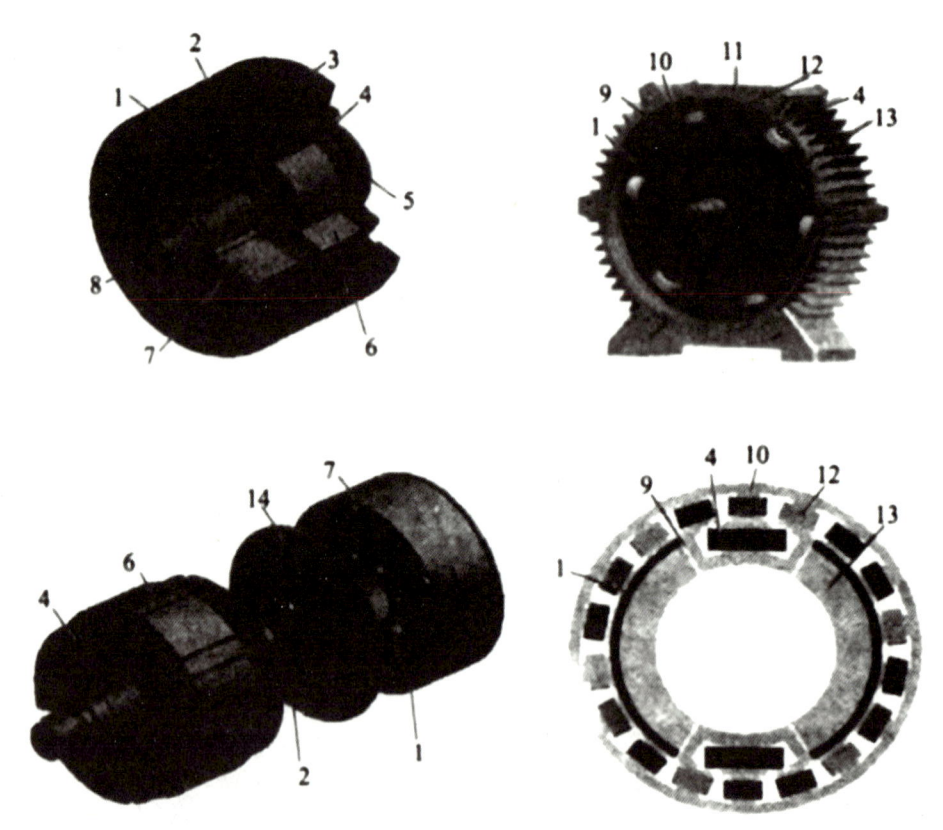

（a）轴向组合式　　　　　　　　（b）周向组合式
1—永磁体；2—固定块；3—定子；4—励磁绕组；5—励磁机；
6—隐极式电励磁转子；7—IPM 转子；8—轴；9—隔磁桥；10—定子铁心；
11—机座；12—电枢绕组；13—转子铁心；14—转子压板
并励式混合励磁电机结构

3. 混励式混合励磁电机

（1）电励磁磁动势不直接或只有很少一部分作用在永磁体上，只是在铁心某部位共磁路，一般不会有永磁体不可逆退磁的危险。

（2）电机结构比较复杂，电励磁绕组散热困难。

（3）磁路长、漏磁大，电励磁对磁场的控制能力不如并励式混合励磁电机。

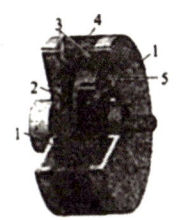

(a) 径向式磁极分割型　(b) 轴向式磁极分割型

(c) 双馈电Kaman结构　(d) 混合励磁爪极

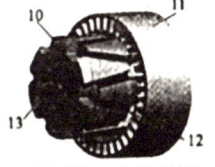

1,12—永磁体；2—直流励磁绕组；3—叠片定子；4—实心定子；5—实心转子；6—电枢绕组
7—铁心极；8—铁心极助磁；9—永磁磁通；10—爪极；11—定子铁心；13—轴

典型的混励式混合励磁电机

三、混合励磁电机的发展趋势

并励式混合励磁电机的电励磁控制磁场的能力和永磁体的可靠性优于串励式、混励式混合励磁电机，是一种永磁磁动势和电励磁磁动势组合的首选方案。

要针对强混合励磁电机的基础理论和设计方法进行研究，开发出低成本、高性能的混合励磁电机，从而满足市场的需求。

2.4.6　混合励磁电机的控制策略

学习目标：

1. 知道电机采用混合励磁策略的目的
2. 了解混合励磁电机的控制策略
3. 掌握混合励磁电机的分区、协调控制策略
4. 培养学生严谨认真的职业态度

混合励磁电机
的控制策略

当前，交通智能化已经进入高速发展阶段，这对电机系统的轻便、高效、节能提出了更高的要求。传统永磁电机虽然具有高效率、高功率密度的突出优势，但其磁通难以调节，导致其在应用时存在宽调速范围高效运行难和故障灭磁困难、转矩/功率密度的提升与恒功率运行范围相互制约等难题。

混合励磁电机将永磁磁动势与电励磁磁动势有机结合，从根本上解决了永磁电机磁通调节困难的问题，其中的宽调速特性可以在电动汽车、武器装备等高要求场合应用，混合励磁电机成为构建高性能电机系统与驱动系统的新型核心部件，在航空航天、舰船和新能源汽

车等运载装备上被广泛应用。

电机采用混合励磁策略的目的主要有两点：

（1）使电机在额定转速下能够产生更大的转矩；

（2）在恒定功率运行时，通过弱磁调整使电机转速远超过额定转速。

接下来学习混合励磁电机的控制方法。

1. 混合励磁同步电机（HESM）的调速方法

HESM的调速方法通常采用分区控制策略。

电机的工作范围可分成四个区（i_f表示励磁电流）：

低速标准调速区 $BGOH$（$i_f=0$）

低速增磁调速区 $ABHJ$（$i_f>0$）

高速标准调速区 $BCFG$（$i_f=0$）

高速弱磁调速区 $CDEF$（$i_f<0$）

从励磁电流的角度看，可将电机分成三种运行方式：

常态运行（$i_f=0$，对应低速标准调速区和高速标准调速区）

增磁运行（$i_f>0$，对应低速增磁调速区）

弱磁运行（$i_f<0$，对应高速弱磁调速区）

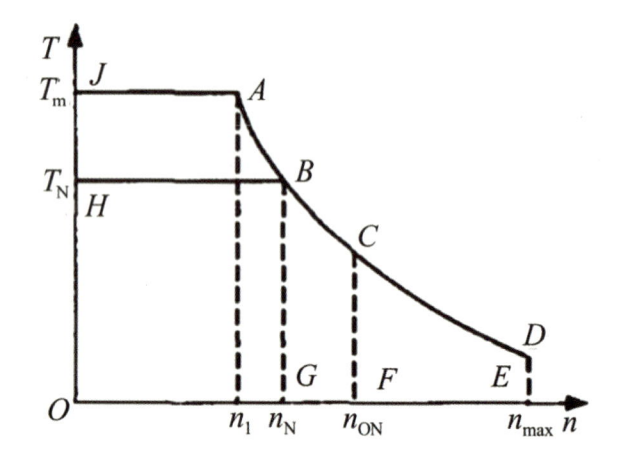

HESM 转矩-转速调节特性

系统需设置两个控制器：

一个是主控制器，采用传统的PI调节转速环控制方式；

另一个是励磁电流控制器，由速度状态判断模块选择增磁或弱磁方式，将产生的励磁电流送至给定通道，从而达到增磁或弱磁的目的。

2. HESM调速系统的控制原理

HESM调速系统的关键在于，如何根据转速要求与负载变化情况自动实现上述三种运行方式和四种工作状态的动态切换，以保证调压、调磁、调速之间的协调控制。

HESM调速系统控制原理如下图所示，从图中可以看出，主控制器和励磁电流控制器通过电流分配限幅模块相互关联在一起，系统靠这个关联电路能从调压自动转入调磁。

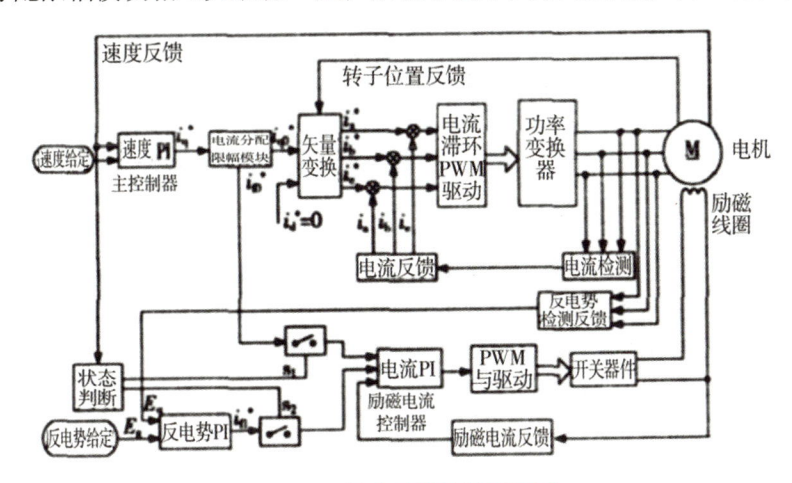

HESM 调速系统控制原理图

3. 混合励磁电机的协调控制策略

协调控制策略从励磁和电枢两个维度对电流进行调节，从而达到更优的系统性能。

该策略既可以分别对电枢绕组电流和励磁绕组电流进行独立控制，也可以根据系统的性能要求实现电枢绕组电流和励磁绕组电流的协调控制。

另外，采用协调控制策略可以实现更宽的转速范围，以及宽转速范围的效率优化。

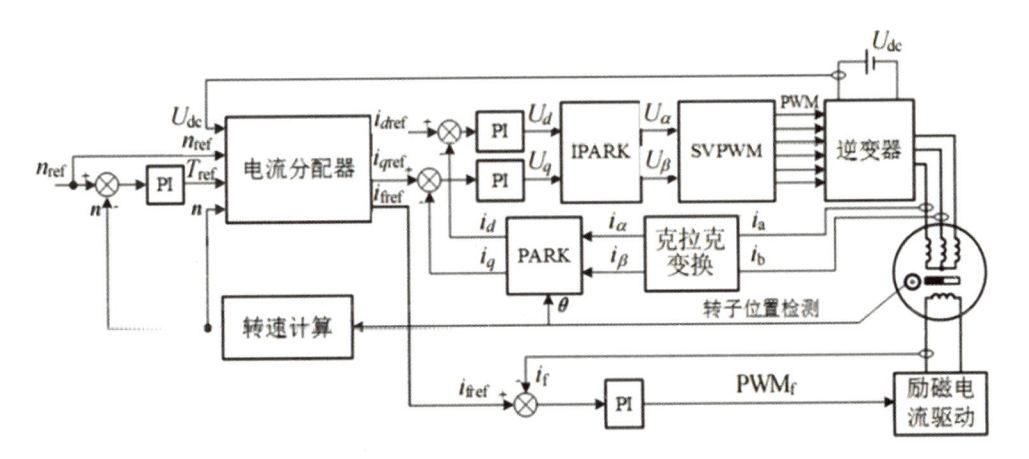

基于特征电流的协调控制策略

4. 混合励磁电机的稳压控制方法

在新能源汽车电机驱动系统中，混合励磁电机的稳压控制方法十分关键。该方法主要是通过对励磁电流的精准控制，实现电机在宽转速范围、变负载条件下的恒压运行。

从混合励磁电机的内部构造来看，其内部含有永磁体。永磁体的存在使电机便于实现内部磁场的自动激励。

另外，混合励磁电机取消了全功率变换器。全功率变换器在传统系统中较为复杂，包含众多电子元件，这些元件在工作过程中容易出现故障，例如，过电压、过电流以及元件老化等问题，一旦出现故障，就会影响整个系统的正常运行。而取消全功率变换器后，降低了系统的复杂性，减少了故障点，因此提高了系统的可靠性。

同时，混合励磁电机还可以采用可控整流电路，并配合对励磁电流的控制。这种组合方式能够进一步优化电机的性能，使系统在不同工况下都能保持良好的稳压效果，从而达到更优的系统性能。

电磁转矩 T_{em} 是衡量混合励磁电机输出动力大小的关键参数。它与电机的磁极对数 p、d 轴和 q 轴的磁链 ψ_d、ψ_q、d 轴和 q 轴的电感 L_d、L_q、d 轴和 q 轴的电流 i_d、i_q，以及混合励磁磁链有关。通俗来讲，这些变量共同决定了电机转动时能输出多大的力量带动负载。其表达式为：

$$T_{em}=p(\psi_d i_q - \psi_q i_d)=p[(\lambda + L_d i_d)i_q - L_q i_q i_d]$$

（1）磁极对数 p 的作用：磁极对数越多，电机在相同电流和磁链的情况下，能产生的电磁转矩理论上越大，因为更多的磁极可以增强磁场相互作用。

（2）磁链和电感的影响：d 轴和 q 轴磁链反映了电机内部磁场在不同方向上的强度分布，电感则影响电流变化时磁场的变化情况。它们与电流相互作用，通过电磁感应原理产生转矩。例如，当电流通过绕组时，会产生磁场，磁链和电感会影响磁场的大小和变化速率，进而影响电磁转矩。

（3）电流的作用：d 轴和 q 轴的电流是电机控制中的重要变量。通过控制这两个轴的电流大小和方向，可以调节电机的转矩输出。在矢量控制策略中，通过分别控制 d 轴和 q 轴的电流，来实现对电机转矩和转速的精准控制。

（4）混合励磁磁链的调节：混合励磁电机的磁链由永磁体和励磁绕组共同产生。永磁体提供了基本的磁场，而励磁绕组可以通过控制励磁电流来调节磁链大小。这样可以根据实际运行工况，灵活调整电机的电磁转矩，提高电机的运行效率和性能。

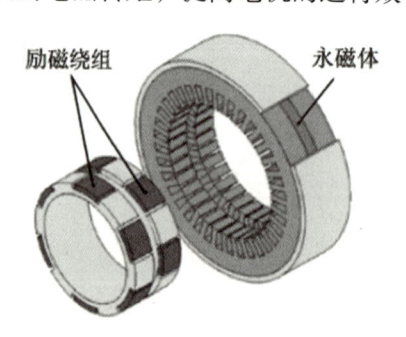

混合励磁电机内部核心构造

由于可控励磁电流技术的引入，系统需要增加额外的励磁电流分配控制器和励磁电流控制器对励磁电流进行调节与控制。虽然使混合励磁电机系统的控制更加灵活，但增加了控制系统的复杂性。

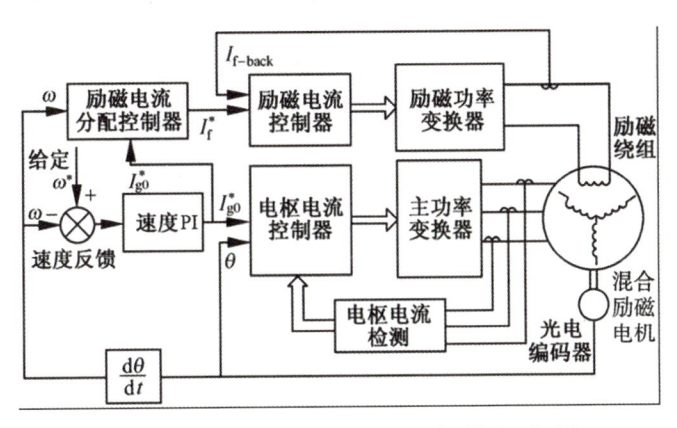

混合励磁电机变速驱动系统典型控制原理框图

任务五　旋转变压器

2.5.1　旋转变压器的类型及构造

学习目标：

1. 了解旋转变压器的类型
2. 掌握旋转变压器的作用和构造
3. 培养学生严谨认真的职业态度

旋转变压器的类型及构造

旋转变压器又称电机位置传感器，简称旋变，它是一种输出电压随转子转角变化产生传感信号的元件。它一般位于电机的后端盖位置处，靠近电机的高压线束方向，传感器线圈固定在电机壳体上（固定不动），信号齿圈固定在转子上（随转子转动），有励磁、正弦、余弦三组线圈。旋转变压器主要监测电机转子的转速，并将转子位置的传感信号输送给电机控制器。

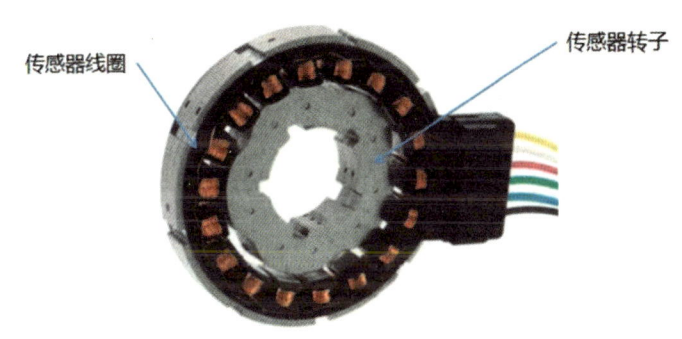

旋转变压器

一、旋转变压器的类型

旋转变压器有磁电式传感器、光电式传感器和霍尔式传感器三种，具体介绍如下。

1. 磁电式传感器

磁电式传感器是一种开磁路变磁通式位置传感器，如下图所示，其磁铁模块（图中的1和2）安装在电机定子上，测量齿轮则安装在被测电机转子轴上与其一起旋转。

工作原理：当测量齿轮随电机转子轴一起旋转时，齿轮的凹凸引起磁阻的变化，从而使磁通量发生变化，因而在感应线圈中感生出交变电动势，从而产生电机转子轴旋转角度的传感信号。

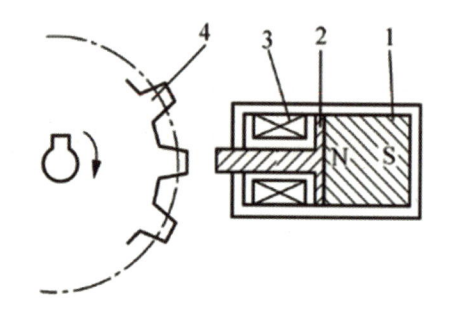

1—永磁铁
2—软磁铁
3—感应线圈
4—测量齿轮

磁电式传感器的工作原理图

2. 光电式传感器

光电式传感器是一种利用光电耦合元件在有光和无光状态下表现出不同的内阻状态，进而产生传感信号，以检测电机转子轴的位置传感器。如下图所示，光电耦合二极管（元件）固定在电机的定子上，遮光盘固定在电机转子轴上。

工作原理：发光二极管在通电后，发出红外光；当遮光盘随电机转子轴转动，光线通过缺口照进观槽时，光线照射至光电耦合二极管，使其内部二极管导通，相应地产生反映电机转子轴旋转状态的电信号。

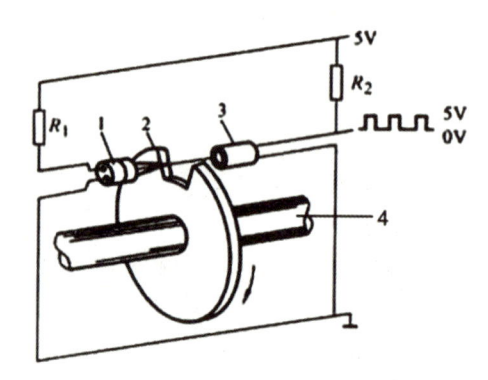

1—发光二极管；2—遮光盘；3—光电耦合二极管；4—电机转子轴
光电式传感器的工作原理图

3. 霍尔式传感器

霍尔式传感器利用半导体元件的霍尔效应，来检测电机转子轴的旋转状态，如下图所示，霍尔式传感器安装在电机的定子上，定子表面制成凸凹形状。

工作原理：当凸起（正常圆周面）的位置对准霍尔式传感器时，会产生较大的霍尔电动势；当凹下的位置对准霍尔式传感器时，会产生较小的霍尔电动势，感应信号反映电机转子轴旋转的状态。

霍尔式传感器的优点：

（1）非接触式，高寿命；

（2）因为是磁性检测，所以在无刷电机中使用霍尔式传感器能抗油污、抗灰尘。

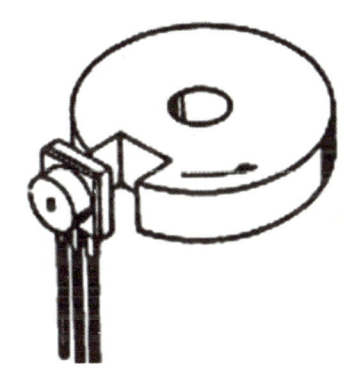

霍尔式传感器的工作原理图

二、旋转变压器的作用和构造

1. 旋转变压器的作用

目前，电机多采用光电器件或霍尔元件进行旋转状态检测，下面以霍尔元件为例，对旋转变压器的作用进行讲解。无刷电机里的霍尔元件属于开关型霍尔元件，简单地讲，霍尔元件有三根接线，一根接正极，一根接负极，一根用于感应信号输出，霍尔元件的输出线连接至电机控制器，电机控制器根据霍尔元件的输出就能判断电机旋转状态而控制换向。

无刷电机使用电子方式换向，要使电机转动起来，必须按照一定的顺序给定子通电，电机控制器要知道转子的位置以便按照通电次序给相位的定子线圈通电，定子的位置是由嵌入定子的传感器感知的，通常会安排传感器在转子的旋转路径周围。无论何时，只要转子的磁极经过霍尔元件，根据转子当前磁极的极性，霍尔元件就会输出相对应的高电平或低电平（相当于开关的关或闭），电机控制器根据霍尔元件产生的电平的时序，判断当前转子的位置并相应地对定子绕组进行通电。

2. 旋转变压器的构造

旋转变压器主要由转子、定子、线圈、端子、端子保护罩组成，其结构及对应绕组的波形如下图所示。转子安装在电机转子轴上，且电机转子轴上无绕组，初级绕组和次级绕组均在定子上，电机转子轴的凸极将次级正弦变化耦合至角位置，此种结构为可变磁阻式旋转变压器，信号的特点为副方（次级）输出电压与电机转子轴转角呈正弦函数和余弦函数关系。

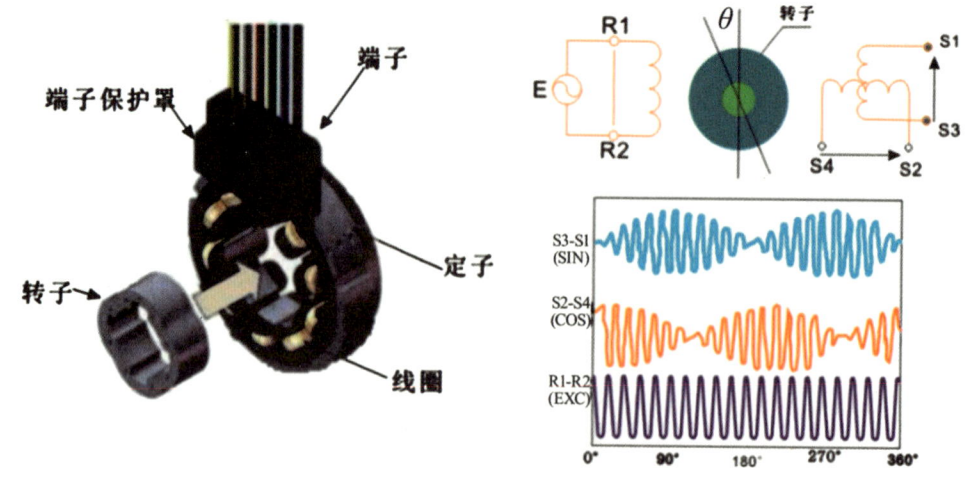

旋转变压器的结构及对应绕组的波形

小结：

旋转变压器的类型：磁电式、光电式、霍尔式。

旋转变压器的作用：判断电机转子轴的位置、速度和方向。

旋转变压器主要由定子、转子、线圈等组成。

请同学们完成下面的思考题：

旋转变压器的工作原理是什么样的？

2.5.2　旋转变压器的工作原理和工作电路

学习目标：

1. 了解旋转变压器的工作原理
2. 掌握旋转变压器的工作电路
3. 培养学生严谨认真的职业态度

旋转变压器的工作原理

1. 旋转变压器的工作原理

对于永磁同步电机调速系统来说，位置信号具有决定作用，因为电机必须工作在位置闭环控制方式下，系统运行绝对依赖于位置信号的准确获取，电机需要通过位置信号来决定哪一相应该导通，以及在什么时刻导通和关断。

（1）电机控制器输出交流电至励磁线圈，旋转变压器产生一个频率恒定的磁场。

（2）在频率恒定的磁场下，检测线圈S和检测线圈C将输出与转子位置对应的值。

（3）当电机旋转时，定子与转子间的距离会随转子的旋转而变化。

（4）电机控制器根据检测线圈S和检测线圈C输出值之间的差异检测出绝对位置。同时电机控制器也可根据规定时间内位置的变化量计算电机转速。

下图为旋转变压器的工作原理图，当激励初级绕组R1-R2时（见下图中的励磁绕组的波形），在两个次级绕组上就会产生一个感应信号SIN（图中的正弦绕组波形）和另一个感应信号COS（图中的余弦绕组波形），由于次级绕组机械错位90°，两路输出信号彼此间的相位相差90°。转子输出信号的相位角与转子偏转角之间有着严格的对应关系，控制模块通过初级绕组、次级绕组波形的对比、检测和计算，确定电机通电相。

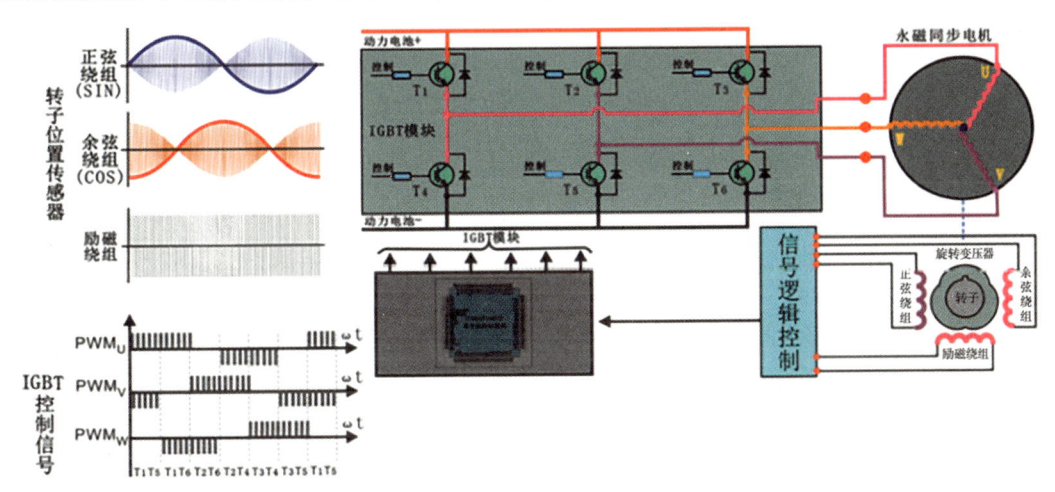

旋转变压器的工作原理图

2. 旋转变压器的工作电路

下图为旋转变压器电路原理图，从图中可以看出，旋转变压器由励磁绕组、正弦绕组、余弦绕组等构成，其中MCU的端子1和旋转变压器连接，通过旋转变压器内部绕组，再从旋转变压器绕组输出至MCU的端子2，MCU通过励磁绕组输出振幅、频率恒定的正弦波，其中绕组阻值为38.8Ω±10%；MCU的端子3和旋转变压器连接，通过旋转变压器内部绕组，再从旋转变压器绕组输出至MCU的端子4，MCU通过正弦绕组产生的波形判断驱动电机转子的位置、速度和方向，其中绕组阻值为56.5Ω±10%；MCU的端子5和旋转变压器连接，通过旋转变压器内部绕组，再从旋转变压器绕组输出至MCU的端子6，MCU通过余弦绕组产生的波形来判断驱动电机转子的位置、速度及方向，其中绕阻阻值为47.4Ω±10%。

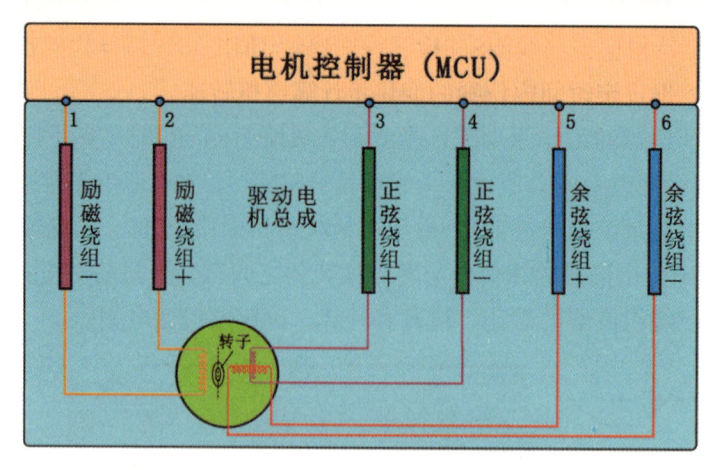

旋转变压器电路原理图

小结：

旋转变压器的工作原理：位置信号可决定电机哪一相应该导通，以及在什么时刻导通和关断。

旋转变压器的工作电路：每个绕组都有各自的电阻，通过正弦绕组与余弦绕组的波形共同判断驱动电机转子的位置、速度和方向。

请同学们完成下面的思考题：

旋转变压器各绕组波形是怎么变化的？

2.5.3　旋转变压器的性能检测

旋转变压器可用来精确测量电机的转角位置，以改变耦合变压器的方式工作，其初级绕组和两个次级绕组之间的磁耦合量随旋转部件（转子）位置而改变；转子通常安装在电机转子轴上，如下图所示。

旋转变压器的性能检测

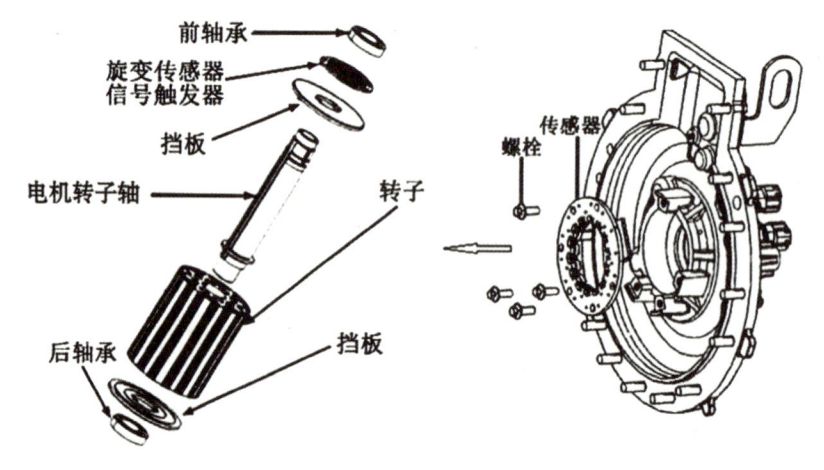

旋转变压器基本结构

一、旋转变压器阻值的检测方法

旋转变压器主要由定子和转子两部分构成，定子绕组一般由若干组线圈沿轴线均匀分布而成，转子上有两个可以旋转的滑环，线圈通过滑环与外部电路相连。旋转变压器的阻值是指转子绕组与定子绕组之间的电阻值，是检测旋转变压器状态的重要指标。采用万用表检测旋转变压器的阻值，可以快速、准确地了解旋转变压器绕组的电阻状况。

1. 使用万用表检测旋转变压器阻值的步骤
（1）将旋转变压器拆下并断开电源，检查绕组是否正确连通。
（2）移除电压调节器，并将万用表的正极与负极分别接上旋转变压器的两个滑环。
（3）将旋转变压器转动一定角度，记录阻值。
（4）旋转变压器阻值不稳定时，可重复转动滑环并观察阻值变化情况，确认阻值是否正确。

2. 注意事项
（1）检测时应准确标识万用表的正负极，以防电流倒流或误操作。
（2）旋转变压器是否正常工作，关系到电气设备的稳定性和工作寿命，因此检测旋转变压器阻值时应严格按照检测步骤操作。

二、旋转变压器阻值异常的可能原因和处理方法

旋转变压器阻值异常，可能是旋转变压器内部线圈接触不良、绕组内部短路或开路、滑环失效、电路接线错误等原因导致的。出现异常时，应查明具体原因并及时采取相应的处理方法。常见的处理方法如下：
（1）重复检测旋转变压器阻值，确认测试结果是否准确。
（2）检查旋转变压器内部线圈是否接触不良或短路，进行必要的维修。
（3）检查电路接线是否错误或者滑环失效，进行及时更换或修理。
（4）如果无法检测出原因，应更换整个旋转变压器。

小结：
在检测旋转变压器阻值时，应按照操作步骤仔细操作，确保电气设备正常运行稳定。同时，出现旋转变压器阻值异常时，需要反复试验确认并查明原因，并采取相应的处理方法进行维修，以确保设备长期稳定工作。

模块三 功率变换器技术

任务一 电力半导体器件

3.1.1 电力二极管

电力二极管又称功率二极管，20世纪50年代初期就获得了应用，当时也被称为半导体整流器，并逐步取代汞弧整流器。虽然它是不可调整工作参数的器件，但其结构和原理简单，工作可靠，所以直到现在电力二极管仍然大量应用于电气设备当中。

电力二极管

一、电力二极管的结构

电力二极管的基本结构和普通二极管相似，都是以半导体PN结为基础的。

电力二极管

电力二极管实际上是由一个面积较大的PN结、两端引线，以及封装装置组成的。从外形上，电力二极管可以有螺栓形、平板形等多种封装形式。

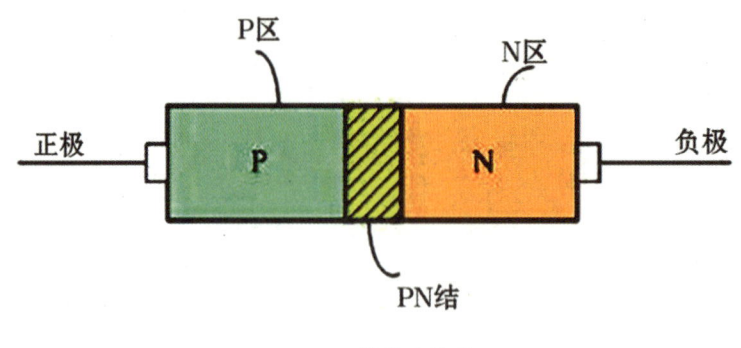

PN 结基本结构

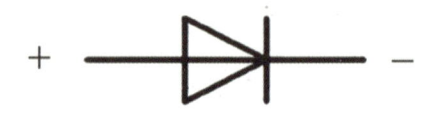

电力二极管图形符号

N型半导体和P型半导体结合后构成PN结。由于N区和P区交界处电子和空穴的浓度差别,造成了各区的多数载流子(简称多子)向另一区移动的扩散运动,到对方区内成为少数载流子(简称少子),从而在界面两侧分别留下了带正、负电荷但不能任意移动的杂质离子。这些不能移动的正、负电荷被称为空间电荷。空间电荷建立的电场被称为内电场,其方向与扩散运动相反,起着阻止扩散运动的作用,与此同时,内电场又吸引对方区内的少子向本区运动,这就是漂移运动。扩散运动和漂移运动既相互联系又相互矛盾,最终达到动态平衡,空间中的正、负电荷量达到稳定值,形成了一个稳定的由空间电荷构成的范围,该范围被称为空间电荷区。

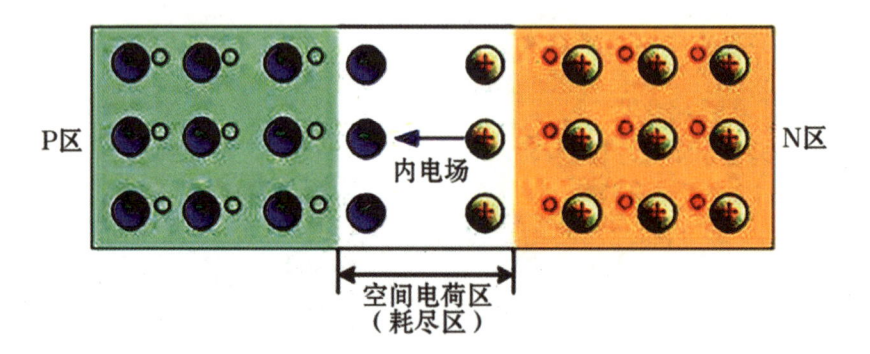

PN 结的内部电荷示意图

当PN结外加正向电压,即外加电压的正端接P区、负端接N区时,外加电场与PN结内的电场方向相反,使得多子的扩散运动大于少子的漂移运动,形成扩散电流,在内部造成空间电荷区变窄,而在外电路上则形成从P区流入、N区流出的电流,称为正向电流。这就是PN结的"正向导通"状态。当PN结外加反向电压,即外加电压的正端接N区、负端接P区时,外加电场与PN结内的电场方向相同,使得少子的漂移运动大于多子的扩散运动,形成漂移电流，在内部造成空间电荷区变宽，而在外电路上形成从N区流入、P区流出的电流，称为反向饱和电流，一般在微安级别，这就是"反向截止"状态。

这就是PN结的单向导电性，电力二极管的基本工作原理就在于PN结的单向导电性。

二、电力二极管的伏安特性

电力二极管的伏安特性曲线如下图所示。

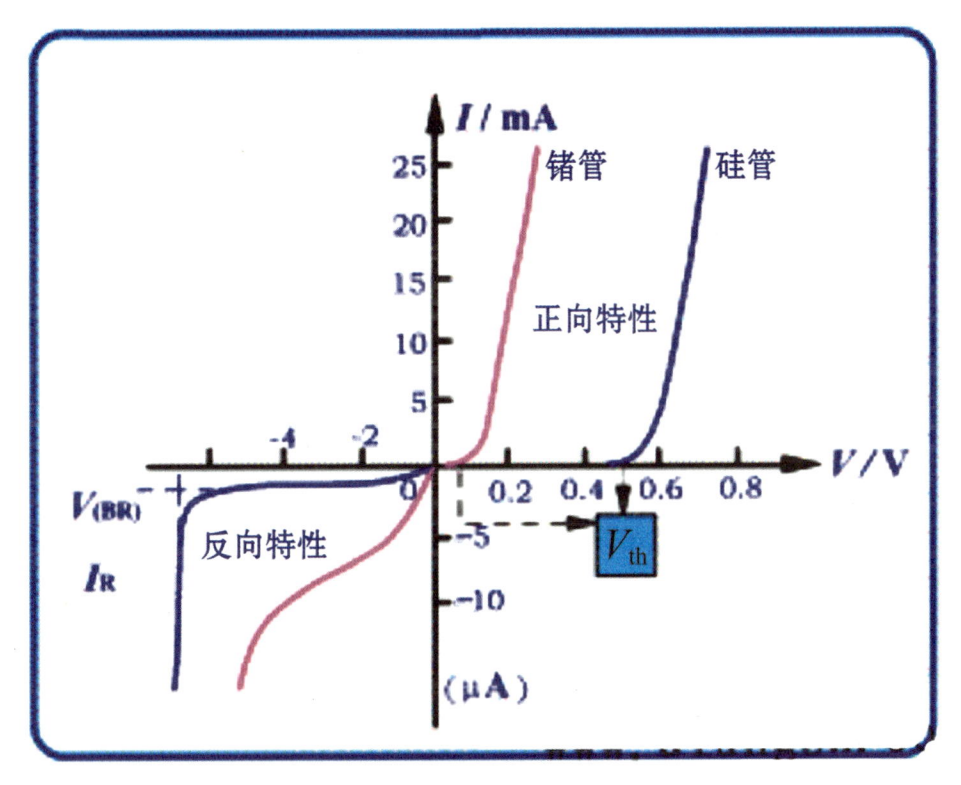

电力二极管的伏安特性曲线

（1）当电力二极管承受的正向电压大于门槛电压（又称开启电压）时，正向电流才会开始明显增加，处于导通状态，锗管的门槛电压为0.2~0.3V，硅管的门槛电压为0.5~0.7V。

（2）当电力二极管承受反向电压时，电力二极管截止，但不能无限制增大反向电压；当反向电压超过反向峰值重复电压时，电力二极管就会被击穿。往往以电力二极管可能承受的反向最高峰值电压的2倍来选择电力二极管。

三、电力二极管的分类

电力二极管按特性和用途可分为整流二极管、快恢复二极管和肖特基二极管三类。

1. 整流二极管

整流二极管多用于开关频率不高的整流电路中。其反向恢复时间较长，但其正向电流定额（半导体器件正向工作时允许通过的最大电流值）和反向电压定额（半导体器件正向工作时允许承受的最大电压值）却可以达到很高，分别可达数千安和数千伏以上。

整流二极管

2. 快恢复二极管

恢复过程很短，尤其是反向恢复过程很短的二极管被称为快恢复二极管，简称快速二极管。快恢复二极管从性能上可分为快速恢复和超快速恢复两个等级。前者反向恢复时间为数百纳秒（ns）或更长，后者反向恢复时间则在100ns以下，甚至仅为20～30ns。

快恢复二极管

3. 肖特基二极管

以金属和半导体接触形成的势垒为基础的二极管称为肖特基势垒二极管,简称为肖特基二极管。肖特基二极管属于多子器件,其优点在于:反向恢复时间很短(10~40ns),在正向恢复过程中也不会有明显的电压过冲;在反向耐压较低的情况下其正向压降也很小,明显低于快恢复二极管。但其反向漏电流较大且对温度敏感,因此反向稳态损耗不能忽略,并且必须更严格地把控其工作温度范围。

肖特基二极管

3.1.2 整流电路

整流电路的作用是,将交流电能变为直流电能供给直流用电设备。整流电路的应用十分广泛。

整流电路

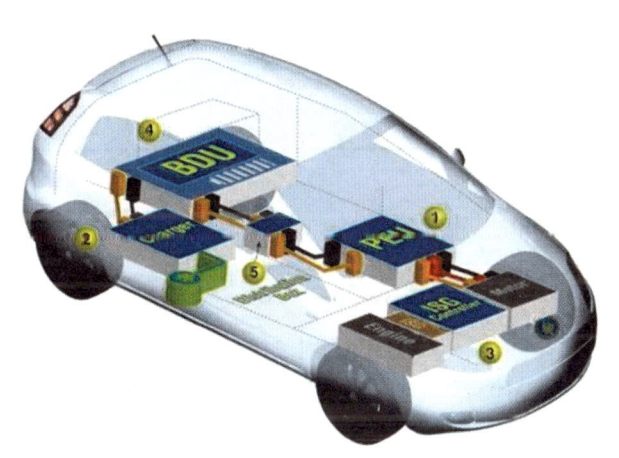

新能源汽车的电机驱动系统中必不可少地使用整流电路

整流电路有多种分类方法,主要分类方法有:按组成的器件可分为不可控、半控、全控三种电路;按电路构成可分为桥式电路和零式电路;按交流输入相数分为单相电路和多相电路;按变压器二次电流的方向是单向电路或双向电路,又分为单拍电路和双拍电路。

本节主要讲述单相整流电路和三相全波桥式整流电路。

一、单相整流电路

常见的单相整流电路有单相半波整流电路、单相全波整流电路等。

1. 单相半波整流电路

单相半波整流电路是相对于单相全波整流电路而言的。单相半波整流电路及其波形如下图所示，只用1个整流二极管，电源侧加交流电压，当交流电压上正下负时，整流二极管导通，电流从电源正极流出，经整流二极管至负载，最后流回负极。从图中可以看出在负载上，电流方向自上而下，电压方向上正下负，负载电压即为电源正向电压。当交流电压下正上负时，整流二极管截止，电路中没有电流，负载电压即为0V，其最终整流的波形为只保留了交流电压的正半波，因此被称为单相半波整流电路。

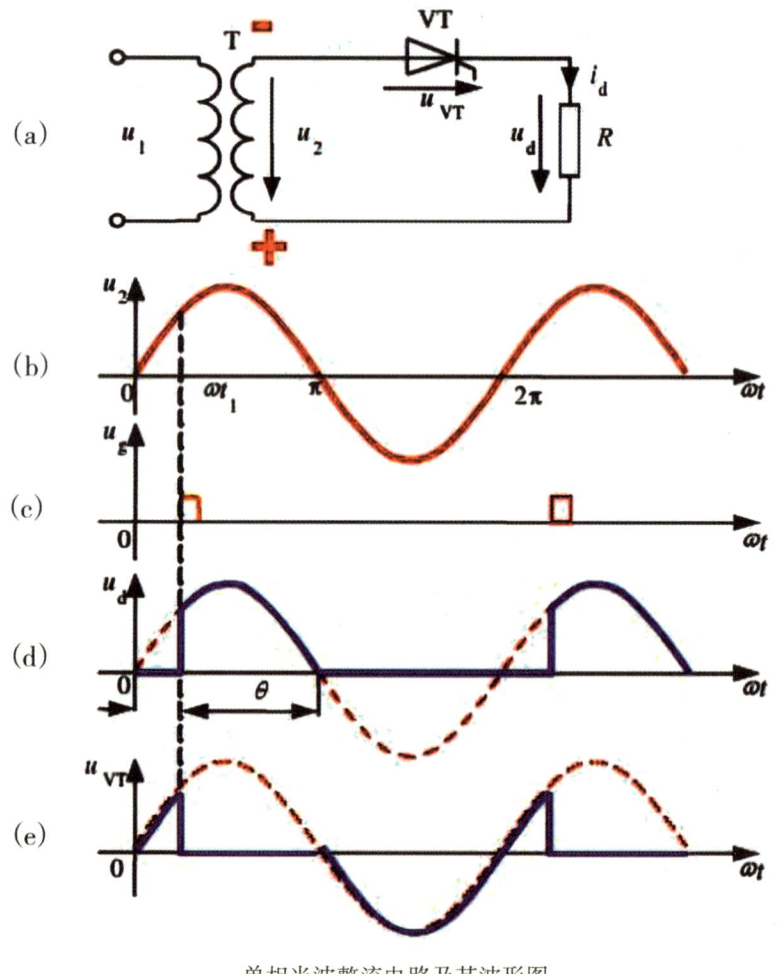

单相半波整流电路及其波形图

2. 单相全波整流电路

单相全波整流电路及其波形如下图所示。整流电路用到了4个二极管，其中D_1和D_3采用共阴极连接，D_2和D_4采用共阳极连接，电源侧输入为交流电压，当交流电压上正下负时，电流从电源正极流出，经二极管D_1至负载，最后经D_4流回负极。从图中可以看出，负载上的电流方向自上而下，电压方向上正下负，负载电压即为电源正向电压。当交流电压下正上负时，电流从电源正极流出，经二极管D_3至负载，最后经D_2流回负极。在负载上，电流方向同样自上而下，电压方向同样上正下负，负载电压即为电源反向电压的负值。从图中还可以看出整流后的电压不仅保留了交流电压的正半波，而且将交流电压的负半波翻了上去，因此被称为单相全波整流电路。

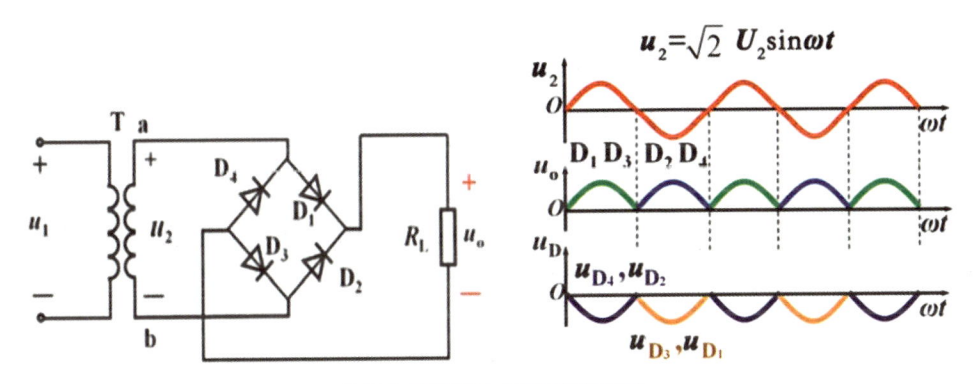

单相全波整流电路及其波形图

二、三相全波桥式整流电路

三相全波桥式整流电路及其波形如下图所示，从图中可以看出三相全波整流电路共用到6个二极管，其中D_1、D_3、D_5三个二极管共阴极连接，D_4、D_6、D_2三个二极管共阳极连接。三相全波桥式整流电路在每一个瞬间，共阴极组中阳极电位最高的二极管导通，共阳极组中阴极电位最低的二极管导通。在0（坐标点O处）至t_1时刻，U_c电压最大，U_b电压最小，此时，D_5和D_6导通，电流从U_c流出，经负载，流回U_b。在t_1至t_2时刻，U_a电压最大，U_b电压最小，此时，D_1和D_6导通，电流从U_a流出，经负载，流回U_b。而瞬间整流后的波形都是相应相之间的线电压，从图中可以看出经过三相桥式整流电路，实现了将三相交流电变成直流电。

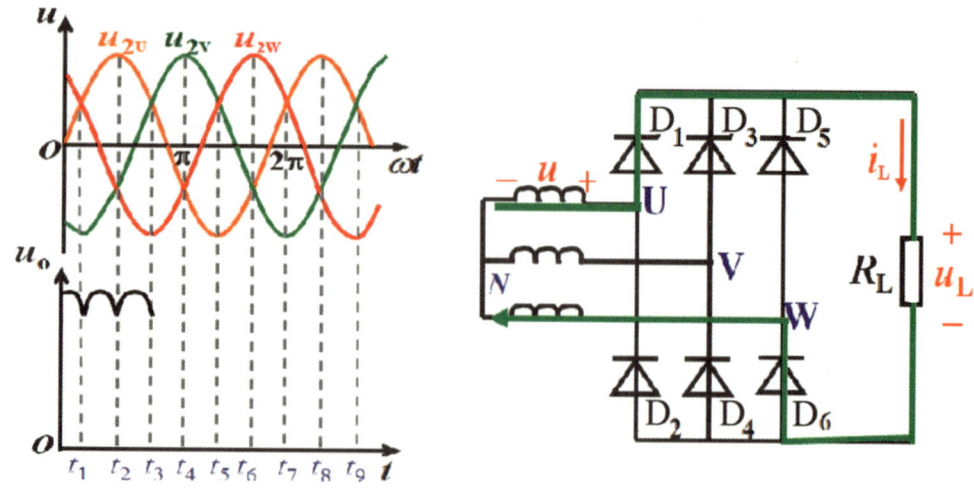

三相全波桥式整流电路及其波形图

任务二　绝缘栅双极型晶体管

绝缘栅双极型晶体管，简称IGBT。该晶体管是一种高压大功率开关管，因其具有电流容量高、开关速度快等良好的特性，所以被广泛应用于电动汽车电机控制器的功率模块中。掌握IGBT的结构和工作原理，了解IGBT的特性，将为学习DC-DC功率变换器和DC-AC功率变换器打下坚实的基础。

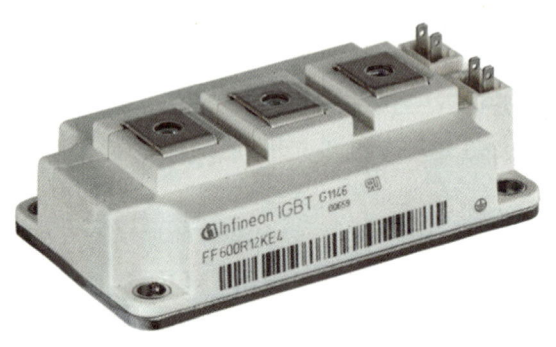

绝缘栅双极型晶体管

绝缘栅双极型晶体管

一、IGBT 的结构

IGBT是一种由金属—氧化物半导体场效应晶体管（MOSFET）和双极型晶体管复合而成的器件，输入极为MOSFET，输出极为PNP晶体管。IGBT可以视为一个加了P型衬底的MOSFET，形成了晶体管的结构。它结合了以上两种器件的优点，既具有MOSFET器件驱动简单和快速的优点，又具有双极型器件容量大的优点。因此，IGBT在现代电力电子技术中得到了越来越广泛的应用。

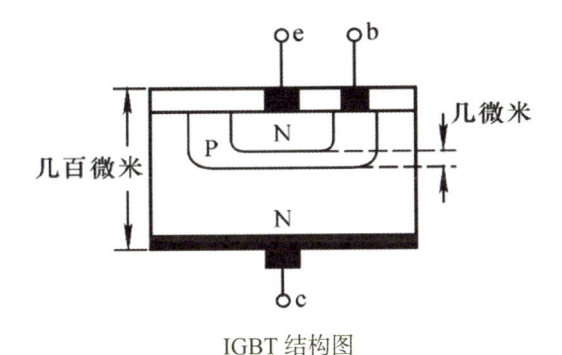

IGBT 结构图

二、IGBT 的图形符号和等效电路

IGBT的图形符号和等效电路如下图所示。从IGBT的图形符号可以看出，IGBT也是三端器件，具有栅极G、集电极C和发射极E三个极。而从等效电路可以看出，它由N沟道增强型MOS场效晶体管和PNP晶体管复合而成，其中R_B为基区等效电阻。IGBT的集电极电流I_C受栅极、发射极间电压U_{GE}的控制。

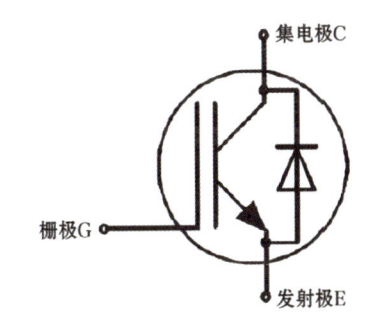

IGBT 的图形符号

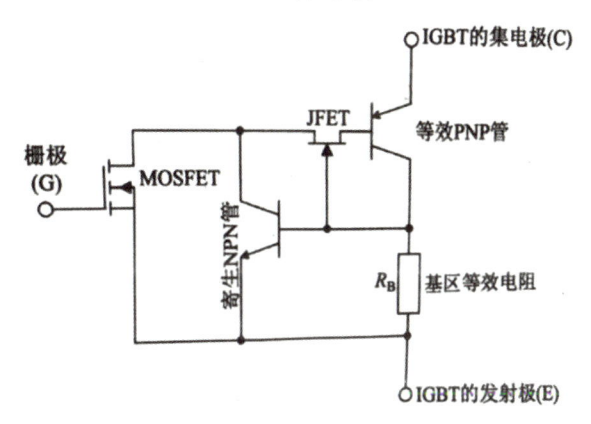

IGBT 等效电路图

注：JFET 是结型场效应晶体管的简称。

三、IGBT 的工作特性

IGBT作为一种常用的晶体管，有自己的特性，了解了它的特性会对后续的学习和工作大有帮助。

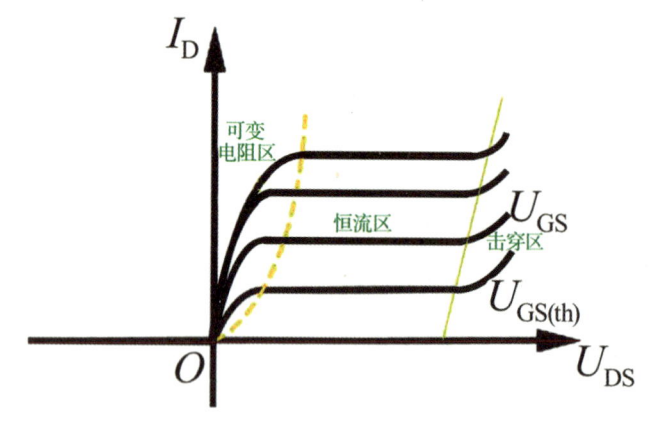

IGBT 的工作特性曲线

IGBT具有多种静态特性，静态特性主要包括转移特性和输出特性两种。

（1）IGBT的转移特性曲线如下图所示，它描述的是集电极电流I_C与栅射电压U_{GE}之间的关系。它的转移特性与MOSFET十分类似。为了便于理解，这里我们可通过分析MOSFET来理解IGBT的转移特性。

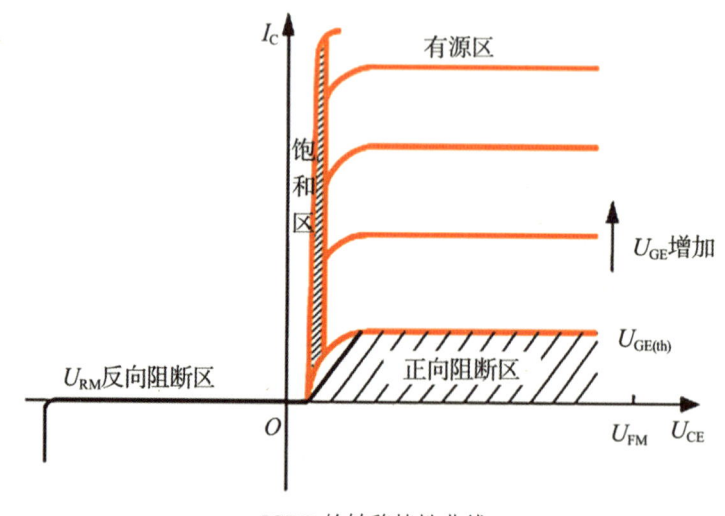

IGBT 的转移特性曲线

当MOSFET的栅源电压U_{GS}=0V时，源极S和漏极D之间相当于存在两个背靠背的PN结，因此不论漏源电压U_{DS}之间施加多大电压或什么极性的电压，总有一个PN结处于反偏状态，漏极、源极间没有导电沟道，器件无法导通，漏极电流I_D接近于0。

当0<U_{GS}<$U_{GS(th)}$时，栅极电压增加，在栅极G和衬底P间的绝缘层中产生电场，使得少

量电子聚集在栅氧下表面,但由于电子的数量有限,沟道电阻仍然很大,无法形成有效沟道,漏极电流I_D仍然约为0。其中,$U_{GS(th)}$表示栅源阈值电压。

当$U_{GS} \geq U_{GS(th)}$时,栅极G和衬底P间的电场增强,可吸引更多的电子,使得衬底P区反型,沟道形成,漏极和源极之间的电阻大大降低。此时,如果漏源之间施加一偏置电压,MOSFET会进入导通状态。在大部分漏极电流范围内I_D与U_{GS}呈线性关系。

这里MOSFET的栅源电压U_{GS}类似于IGBT的栅射电压U_{GE},漏极电流I_D类似于IGBT的集电极电流I_C。在IGBT中,当$U_{GE} \geq U_{GE(th)}$时,IGBT表面形成沟道,器件导通。其中,$U_{GE(th)}$表示栅射阈值电压。

(2)IGBT的输出特性也称伏安特性,它描述的是以栅射电压为参考变量时,集电极电流I_C与集射极间电压U_{CE}之间的关系。IGBT的输出特性也分为三个区域:正向阻断区、有源区和饱和区。当$U_{CE} < 0$时,IGBT为反向阻断工作状态。在电力电子电路中,IGBT主要工作在开关状态,因而是在正向阻断区和饱和区之间来回转换。

四、IGBT工作的可靠性

在使用IGBT时,IGBT是否安全可靠主要由以下因素决定:
(1)IGBT栅极与发射极之间的电压;
(2)IGBT集电极与发射极之间的电压;
(3)IGBT集电极与发射极之间的电流;
(4)IGBT的结温(PN结的温度)。

如果IGBT栅极与发射极之间的电压(即驱动电压)过低,则IGBT不能稳定正常地工作;如果电压过高,超过栅极与发射极之间的最大耐压值,则IGBT可能永久性损坏;同样,如果加在IGBT集电极与发射极之间的允许电压超过集电极与发射极之间的最大耐压值,流过IGBT集电极与发射极之间的电流超过集电极与发射极之间允许的最大电流值,IGBT的结温超过其结温的允许值,IGBT都可能会永久性损坏。

任务三　DC-AC功率变换器

DC-AC功率变换器在电机驱动系统中具有重要的作用,学习和掌握DC-AC功率变换器的相关知识可以为深入学习电动汽车驱动原理打下坚实的基础。

一、DC-AC功率变换器的功用

DC-AC功率变换器是通过逆变器将直流电变为交流电的装置。

DC-AC功率变换器的功用及逆变器分类

DC-AC 功率变换器

二、逆变器的类型

逆变器既可以按源流性质分类，也可以按并网类型分类，还可以按输出电平个数与功率等级来分类。

1. 按源流性质分类

逆变器按源流性质可分为有源逆变器和无源逆变器。在交流侧与电网连接而不直接接入负载的逆变器为有源逆变器。在交流侧不与电网连接而直接接入负载（即把直流电逆变为某一频率或可调频率的交流电供给负载）的逆变器为无源逆变器。

2. 逆变器按并网类型分类

逆变器按并网类型可分为离网型逆变器和并网型逆变器。

3. 逆变器按输出电平个数分类

逆变器按输出电平个数可分为两电平逆变器、三电平逆变器、多电平逆变器。

4. 逆变器按功率等级分类

逆变器按功率等级可分为大功率逆变器、中功率逆变器、小功率逆变器。

5. 逆变器的常见类型

逆变器的常见类型有中小功率的单体逆变器和多重串联型的逆变器。

中小功率的单体逆变器是户用独立交流光伏系统中重要的装置之一，其可靠性和效率对推广光伏系统、有效用能、降低系统造价至关重要。

逆变器

多重串联型的逆变器应用于电动汽车后,不仅增加了输出电压的种类,而且增强了控制的灵活性,提高了控制的精确性;同时降低了电机中性点电压的波动。逆变器的旁路特点可提高充电和再生制动控制的灵活性。如今,在城市交通中,电动汽车成为优先发展的交通工具。

电动汽车多采用三相交流电机,由于其电机功率大,三相逆变器中的器件需要承受高电压和大电流应力的作用,采用多重串联型结构的大功率逆变器则降低了单个器件承受的电压应力,降低了对器件的要求,减少了电磁辐射和器件的发热量;采用多重串联型结构,可降低多个蓄电池组串联带来的危险,降低器件的开关应力。

任务四　DC-DC 功率变换器

3.4.1　DC-DC 功率变换器的组成

DC-DC功率变换器在电动汽车上的应用较为广泛,学习和掌握DC-DC功率变换器的相关知识可为深入学习电动汽车的工作原理打下坚实的基础。

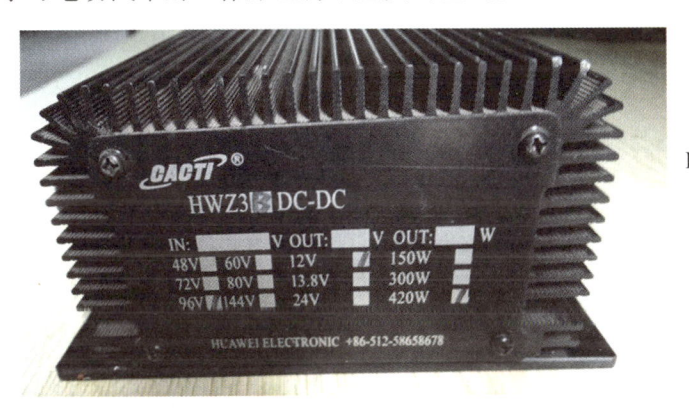

DC-DC 功率变换器的组成

DC-DC 功率变换器

一、DC-DC 功率变换器的功用

DC-DC功率变换器是一种通过直流斩波电路将某一直流电转换为另一固定电压或可调电压直流电的装置。这里一般指直接将某一直流电转换为另一直流电，不包括先把直流电转换为交流电、再变回直流电的转换过程。

二、直流斩波电路的分类

直流斩波电路分为基本斩波电路、复合斩波电路和多相多重斩波电路。基本斩波电路又分为降压斩波电路、升压斩波电路、升降压斩波电路、Cuk斩波电路、Sepic斩波电路和Zeta斩波电路六种；复合斩波电路是不同结构的基本斩波电路的组合；多相多重斩波电路是相同结构的基本斩波电路的组合。

三、直流斩波系统的组成

直流斩波系统由主电路模块、驱动模块和控制模块组成。

主电路模块

主电路模块又叫作功率模块，是整个DC-DC功率变换器的主体。一个典型的全桥型DC-DC功率变换器主电路模块，主要是通过DC-DC回路产生输出端需要的输出电压。原边开关电路将输入电流调制成矩形波，这个过程主要依靠控制器调制特定占空比的PWM波，用以驱动开关管按照既定的顺序和时间开闭，从而实现电流逆变过程。在这个过程中，原边输入电压可以通过占空比进行调节。当占空比增大时，输出电压也增加；当占空比减小时，输出电压也减小。频率则可以通过开关频率来调节。

模块三 功率变换器技术

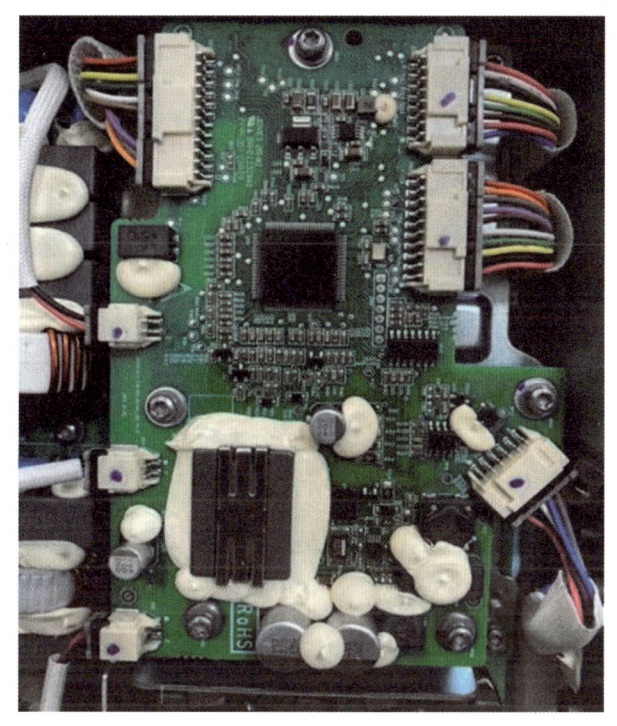

驱动模块

对于控制芯片输出的四路PWM驱动信号来说,它们并不能直接驱动四个功率开关管。所以,一般来说,开关电源是需要配套一个驱动电路(模块)来驱动功率开关管。驱动电路的种类有很多,常用的有以下三种。

1. 分立元件驱动电路

组成:由各种分立的电子元件,如电阻、电容、二极管、二极管等组成。通过这些元件的合理组合和连接,实现对驱动信号的放大、整形和功率提升,以满足驱动功率开关管的要求。

特点:具有较高的灵活性,可以根据具体的应用需求和功率开关管的特性进行个性化设计。能够实现较为复杂的驱动功能,例如可以方便地设置过流保护、过压保护等功能。但电路设计和调试相对复杂,元件数量较多,体积较大,可靠性相对较低,且成本较高。

2. 集成驱动电路

组成:将驱动电路的各种功能模块集成在一个芯片中,形成专用的集成驱动芯片。这种芯片通常包含了信号放大、隔离、保护等多种功能,只需外接少量的元件,就可以构成完整的驱动电路。

特点:具有体积小、可靠性高、性能稳定等优点。由于集成度高,减少了分立元件之间的连线和相互干扰,提高了电路的抗干扰能力。同时,集成驱动电路的设计和调试相对简单,大大缩短了产品的开发周期。但灵活性相对较差,对于一些特殊的应用需求,可能需要进行定制化设计。

3. 光耦隔离驱动电路

组成：主要由光耦合器和相关的驱动元件组成。光耦合器是核心部件，它通过光电转换原理，将控制芯片输出的电信号转换为光信号进行传输，然后再将光信号转换为电信号，去驱动功率开关管。这样可以实现控制电路与功率电路之间的电气隔离，提高电路的安全性和稳定性。

特点：具有良好的电气隔离性能，能够有效地防止功率电路中的高压、大电流对控制电路造成干扰和损坏，提高了整个系统的可靠性和稳定性。同时，光耦隔离驱动电路的响应速度较快，可以满足高频开关电源的驱动要求。但光耦器件存在一定的传输延迟，且在长时间使用后可能会出现光衰现象，影响驱动性能。

3.4.2 DC-DC 功率变换器的工作原理

一、双向直流斩波电路的组成

DC-DC 功率变换器的工作原理

电动汽车电机控制器中的功率变换器由DC-DC功率变换器和DC-AC功率变换器两个部分组成。当驱动电机作为电动机运行时，首先需要DC-DC功率变换器将动力电池的直流高压升压或降压为合适电压的直流电，再通过DC-AC功率变换器将合适电压的直流电逆变成为三相交流电给驱动电机供电。

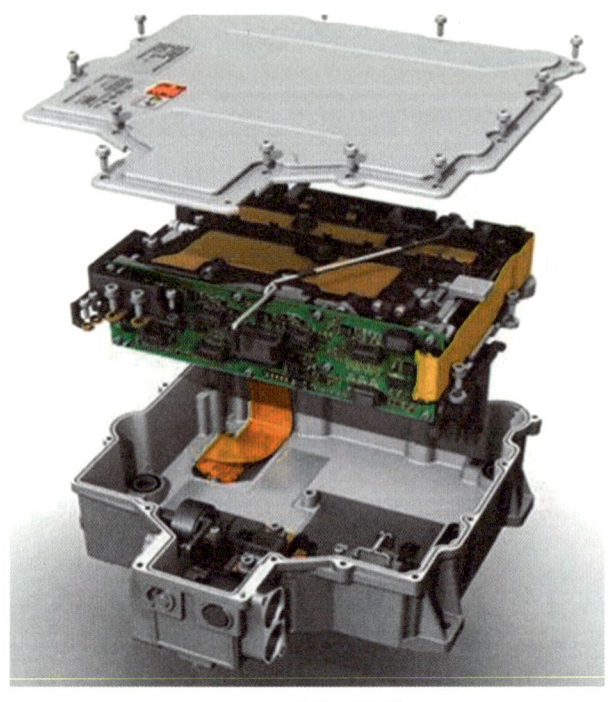

DC-DC 功率变换器

当驱动电机作为发电机运行时，驱动电机发出的三相交流电压首先通过DC-AC功率变换器中的6个续流二极管实现整流，再通过DC-DC功率变换器将整流后的直流电压升压为直流高压给动力电池充电。此处，电动汽车电机控制器中的DC-DC功率变换器采用的是双向直流斩波电路。

双向直流斩波电路又称电流可逆斩波电路，如下图所示。图中的E为直流电源，V_1和V_2为IGBT，VD_1和VD_2为续流二极管，L为电感，R为电阻，E_M为直流电机反电动势。V_1和VD_1构成降压斩波电路，此时电机为电动运行。V_2和VD_2构成升压斩波电路，此时电机为发电运行。

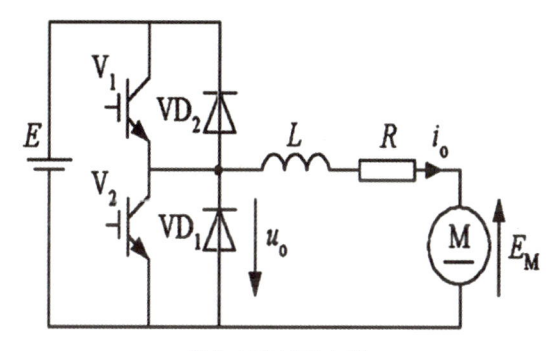

双向直流斩波电路

二、DC-DC功率变换器在电动汽车上的其他应用

（1）电动汽车有两个电池组，一个是高压动力电池组，还有一个是低压12V蓄电池组。当电动汽车上电时，高压动力电池通过DC-DC功率变换器将动力电池组的高压直流电转换为12V低压直流电给辅助电器供电或为低压蓄电池组充电。

（2）在慢充过程中，车载充电机首先将220V的单相交流电通过全桥整流电路整流成直流电，后经直流升压电路升压，再通过全桥逆变电路将升压后的直流电逆变成高频高压的交流电，接着通过变压器将高频高压的交流电转换为合适电压的高频交流电，最后通过全桥整流电路将合适电压的高频交流电整流为合适电压的直流电给动力蓄电池组充电。

3.4.3　升压充电技术

一、升压充电技术基本介绍

汉EV是比亚迪第一款使用刀片电池系统的车型，也是所谓的"高电压平台"车型，其电池包的额定电压为570V，这款车的一个重要特点是"升压充电"，现有常见快充桩充电电压为500V，汉EV车内电控可以将电压升高至600V以上，用高电压给电池包充电。

比亚迪刀片电池系统

二、升压充电工作原理

为了解决升压充电问题，比亚迪采用了电机升压充电架构，即借用了驱动系统功率器件组成的升压充电拓扑结构，其工作原理如下图所示。

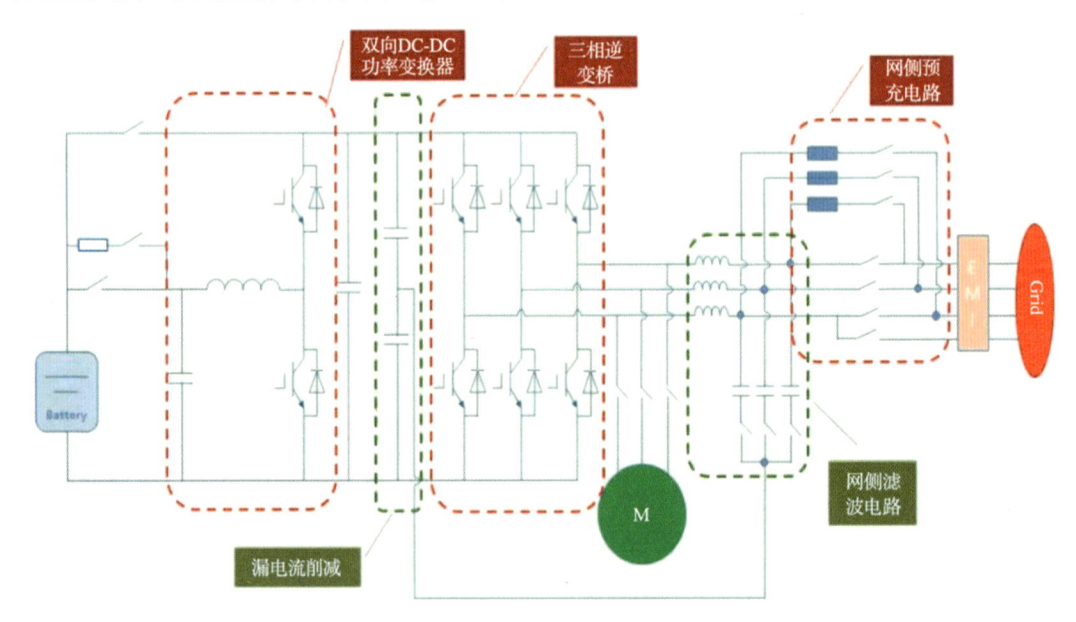

升压充电工作原理图

比亚迪的充电回路设计得很巧妙，它没有将充电桩直流输入的电源DC+和DC-直接接到电池包的两根直流母线上，而是利用了IGBT逆变桥及电机定子绕组，构建了一个Boost升压电路。当接触器断开时，这就是一个普通的电机驱动回路；当接触器闭合时，这就是一个电池包充电回路。这种设计的好处是，三相IGBT、续流二极管和电机绕组都可以并联在一起使用，功率足够大，并且不需要额外的散热回路和安装空间。

从上图可以看出直流充电经过了电机控制器然后进入动力电池，其充电回路为：

直流充电桩（500V）→直流充电口→车载充电机→电机总成→车载充电机→动力电池

比亚迪复用驱动系统功率器件组成的升压充电电路的工作原理是：

当使用500V充电桩时，下半桥IGBT周期性导通，与上半桥续流二极管及电机绕组形成Boost升压电路，为额定电压为570V的电池包充电，其充电状态如下图所示。

充电状态示意图

当使用750V充电桩时，下半桥IGBT截止，充电桩电源通过电机绕组及上半桥续流二极管直接为额定电压为570V的电池包充电。

至于500V充电桩与750V充电桩的切换控制条件，可以通过快充接口的CAN总线在充电握手过程中自动判断。

模块四　电机驱动系统的检修

任务一　驱动电机不运转故障诊断

学习目标：

1. 知道驱动电机运行的控制原理
2. 能够根据电路图绘制驱动电机控制系统拓扑图
3. 能够全面准确地分析驱动电机不运转的可能故障原因
4. 能够根据电路图检测驱动电机及驱动电机控制线路
5. 养成实事求是、认真负责的工作作风

4.1.1　驱动电机不运转的故障诊断

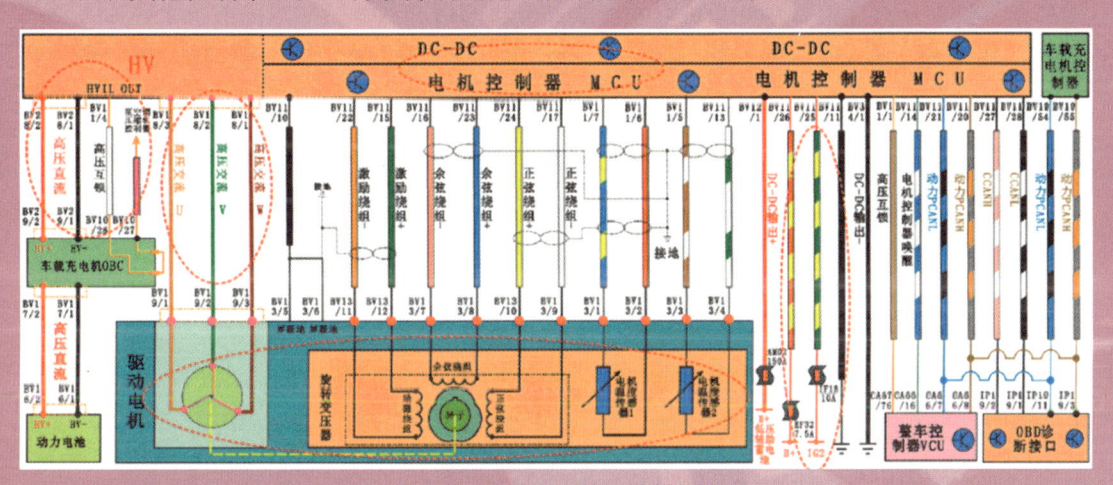

驱动电机不运转的可能原因主要有以下四点：
（1）驱动电机电源故障；
（2）驱动电机自身故障；
（3）电机控制器故障；
（4）其他控制单元及元件故障引起电机控制系统功能性保护。

驱动电机不运转的故障诊断

驱动电机及控制系统电路模块图

4.1.2 驱动电机电源故障

电机控制器的电源正负极通过车载充电机OBC/高压配电箱连接至动力蓄电池内部正负极继电器的输入端，通过继电器输出端到达电流和电压检测模块，最后输入IGBT模块。通过控制6个桥式IGBT管两两组合或三三组合地导通与截止，将直流电源变换为交流电源供给驱动电机绕组，驱动电机运转。

在电源的传递、控制与检测过程中，一旦元件或电路发生故障，将导致驱动电机供电中断。与此同时，主控制模块因无法获取电流及电压的信号，将立即起动保护功能，以避免系统遭受进一步损坏。

在起动、运行过程中，如果电机控制器、驱动电机温度及位置传感器异常，主控CPU也将起动保护功能。

根据驱动电机及控制系统电路原理可知，由驱动电机电源故障引起驱动电机不运转的因素有以下三点：

（1）电机控制器控制线路开路、虚接、自身故障；
（2）电机控制器故障；
（3）线束插接件松脱、损坏、锈蚀、接触不良等。

4.1.3 驱动电机自身故障

驱动电机由驱动电机本体、转子位置传感器、驱动电机温度传感器和冷却系统四部分组成。

转子位置传感器实时检测驱动电机转子的位置，并将位置信号输送给驱动电机模块主控CPU，主控CPU根据传感器位置信号控制6个桥式连接的IGBT管顺序导通，输出交流电至驱动电机绕组并产生磁力，带动转子运转。在起动、运行过程中，驱动电机温度传感器检测驱动电机绕组温度并将此信号转换为电压信号输入主控CPU。如果主控CPU检测到温度异常，将起动冷却水泵及冷却风扇调节驱动电机绕组的温度，使驱动电机工作在合理的温度状态下。

如果以上任意部件或信号、线路出现故障，将导致主控CPU起动保护功能，驱动电机无法运转。

根据驱动电机及控制系统电路原理可知，由驱动电机自身故障引起驱动电机不运转的因素有以下九点：

（1）驱动电机绕组开路、虚接、短路故障；
（2）驱动电机温度传感器线路开路、虚接、短路故障；
（3）驱动电机位置传感器线路开路、虚接、短路故障；
（4）驱动电机定子绕组之间由于短路或电机运行温度过高造成烧损故障；
（5）驱动电机定子绕组绝缘层击穿，造成电机外短路或绕组间短路故障；

（6）驱动电机位置传感器功能失效故障，不能产生电机转速/位置信号，造成电机控制器起动保护功能，从而导致驱动电机不能工作；

（7）驱动电机温度传感器烧损故障，温度传感器功能失效，造成电机控制器起动保护功能，从而导致驱动电机不能工作；

（8）驱动电机温度传感器击穿故障，信号线间短路或对壳体短路，造成电机控制器起动保护功能，从而导致驱动电机不能工作；

（9）连接电缆及连接件因磨损或其他原因造成短路、接地等故障，造成电机控制器起动保护功能，从而导致驱动电机不能工作。

4.1.4 电机控制器故障

电机控制器由功率转换电路、电流电压检测电路、数据通信电路、IGBT温度检测电路、转子位置检测电路、电源、主控CPU等组成。

电机控制器通过接收外部点火、挡位、加速等信号，结合转子位置信号，驱动控制6个桥式IGBT管顺序导通，输出交流电至电机绕组并产生磁力，带动转子运转。在此过程中，电流、电压检测模块以及温度检测模块检测输入、输出的电流、电压以及IGBT温度，并传输给主控CPU，主控CPU根据这些信号校正并精确地控制驱动电机的转速和转矩，使汽车工作在最佳状态。

如果以上任意部件或信号、线路出现故障，将导致主控CPU起动保护功能，使IGBT失去电源，驱动电机无法运转。

根据驱动电机及控制系统电路原理可知，由电机控制器故障引起驱动电机不运转的因素有以下四点：

（1）电机控制器电源线路开路、虚接故障；

（2）电机控制器模块内部故障；

（3）数据通信CAN总线模块存在开路、虚接、自身故障；

（4）外部连接电缆及插接件松脱、损坏、锈蚀、接触不良等。

4.1.5 其他控制单元及元件故障

驱动电机运行不仅依靠电机控制器，还需要整车一个完整的高压连接和控制，才能实现驱动电机的正常运行，其中高压绝缘、高压互锁、动力电池管理系统（BMS）等出现异常状态，都将导致高压上电功能保护，致使动力电池不输出电能，引起驱动电机不运转。

根据驱动电机及控制系统电路原理可知，引起驱动电机不运转的其他因素有以下两点：

（1）数据通信CAN总线线路开路、虚接、自身故障；

（2）控制系统存在高等级故障及故障码，如温度、绝缘状态异常。

4.1.6 驱动电机位置传感器的检测

位置传感器在驱动电机的电路当中有信号线与电源线，在此处我们重点讲解此信号和线路故障对驱动电机整体系统的影响及信号、线路的检测。对此信号及线路进行检测，主要是检测信号波形及线路、绕组的电阻。

位置传感器向控制单元提供转子的位置、速度及方向信号，控制单元根据这些位置、速度及方向信号，为逻辑开关电路提供正确的换相信息，以控制它们的导通与截止，使驱动电机电枢绕组中的电流随着转子位置的变化按次序换向，形成气隙中步进式的旋转磁场，驱动转子连续不断地旋转。

如果传感器信号出现故障，将导致电机控制器无法识别转子的位置、速度及方向而无法完成对IGBT的控制，驱动电机无法正常运转。

1. 测试步骤

（1）把示波器的正极检测探针连接到正弦绕组通往控制单元的信号输入线上；

（2）把示波器的负极检测探针连接到正弦绕组通往控制单元的信号输出线上。

说明：图中只是列举了正弦绕组与电机控制器之间线路的测试方法，励磁绕组和余弦绕组的测试方法与之类似，不再列举。

2. 测试结果分析

在驱动电机运行的过程中，电机控制器向励磁绕组输出频率、幅值固定的正弦波形信号，驱动电机转子带动传感器信号触发轮同步运转，在正弦绕组和余弦绕组上产生互为90°相位差的信号，如下图所示。

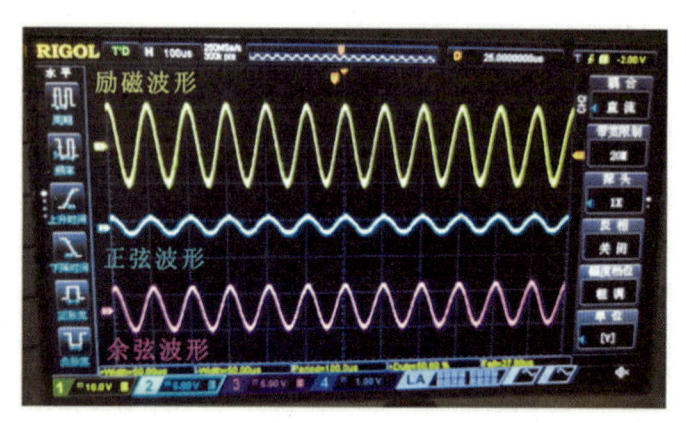

驱动电机静止后励磁、正弦和余弦信号在示波器上的正确波形

如果测试的结果不符，则可能存在以下故障：

（1）励磁绕组信号线路断路、短路、虚接、自身故障；

（2）正弦绕组信号线路断路、短路、虚接、自身故障；

（3）余弦绕组信号线路断路、短路、虚接、自身故障。

4.1.7　电路导通性测试

传感器安装在驱动电机内部，无法断开驱动电机端插接件。又根据传感器内部结构原理可知，传感器为电磁绕组式，所以通过测试绕组两端引线的电阻可知线路及绕组是否正常。测试步骤如下：

（1）拔下电机控制器端的连接器；

（2）根据下图中的标注提示进行测量；

（3）正弦绕组两端引线的电阻值应为13.5±1.5Ω，否则说明导线断路、虚接或相互短路。

说明：图示只是列出了正弦绕组两端引线的电阻值测试，余弦绕组和励磁绕组引线的测试方法与之类似，不再列举。

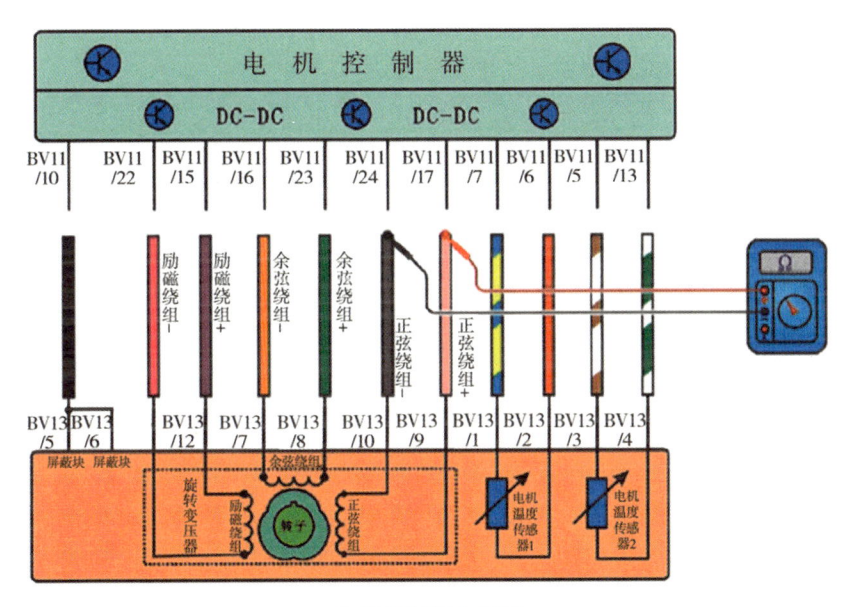

电机控制器电路图

任务二 驱动电机功率不足故障诊断

学习目标：

1. 了解驱动电机功率不足故障现象
2. 能够描述故障现象
3. 能够根据故障现象和电路工作原理分析故障存在的可能原因
4. 养成实事求是、认真负责的工作作风
5. 培养良好的识图能力、动手能力和观察能力

驱动电机功率
不足故障诊断

4.2.1 驱动电机功率不足的故障诊断

驱动电机功率不足的可能原因主要有以下四点：

（1）驱动电机电源故障；

（2）驱动电机自身故障；

（3）电机控制器故障；

（4）其他控制单元或元件故障引起电机控制系统功能性保护。

4.2.2 驱动电机电源故障

驱动电机运转时的功率不足，常见原因是动力电池故障，因为动力电池是IGBT模块和驱动电机的直接能量来源，如果动力电池电压过低，将导致驱动电机及控制系统起动保护功能，驱动电机功率输出受到限制，不能输出正常功率。

根据驱动电机及控制系统电路原理可知，由驱动电机电源故障引起驱动电机功率不足的因素有以下四点：

（1）动力电池电压过低；

（2）驱动电机自身电源控制故障；

（3）电机控制器内部故障；

（4）高压电缆插接件松脱、损坏、锈蚀、接触不良等。

4.2.3 驱动电机自身故障

驱动电机功率不足，若从驱动电机自身及其工作原理方面进行分析，可能有以下两个原因。

（1）驱动电机自身故障。驱动电机或驱动电机内部存在电阻过大的问题，限制电流的大小，导致驱动电机的运转功率不足。另外，驱动电机存在机械故障，如转子弯曲、转子轴承烧损，造成运动阻滞，也可能导致驱动电机的运转功率不足。

（2）驱动电机缺相。三相驱动电机任意一相出现故障，造成一相缺失（简称缺相），就会缺少1/3带动转子运转的驱动力，造成驱动电机的运转功率下降。

驱动电机缺相的危害：

驱动电机缺相时，定子绕组流通的不再是三相交流电流，而是单相电流。气隙中的磁场由圆形旋转磁场变为单相脉振磁场，当驱动电机缺相起动时，起动转矩为零，驱动电机实际上处于两相短路状态，这导致驱动电机绕组严重发热，且破坏驱动电机绝缘，甚至烧毁驱动电机，还可能引发安全事故。当驱动电机缺相运行时，过载能力明显降低且转差率变大，导致定子电流加大，促使绕组发热，驱动电机温度上升。

4.2.4 电机控制器故障

驱动电机功率不足，若从电机控制器工作原理方面进行分析，主要有以下两个原因。

1. IGBT 模块故障

IGBT模块能让功率器件在正确的时刻导通以给驱动电机供电，有效地保障了驱动电机转动的连贯性，如果其发生故障，驱动电机对外输出额定功率就得不到有效保障，主要表现为汽车动力性能下降。例如，某个IGBT管损坏，导致三相驱动电机缺一相，造成磁链路缺损，驱动电机运行功率下降。

2. IGBT 温度传感器故障

IGBT温度传感器检测IGBT工作温度，如果IGBT工作温度过高，将会造成 IGBT 烧毁。所以主控CPU检测到IGBT工作温度过高时将起动冷却系统，同时限制IGBT输出电流，这将导致驱动电机功率下降。

根据电机控制器工作原理可知，由电机控制器故障引起驱动电机功率不足的因素有以下三点：

（1）IGBT模块控制线路开路、虚接、自身故障；
（2）温度采集模块连接线路开路、虚接、自身故障；
（3）温度传感器连接线路开路、虚接、自身故障。

4.2.5　其他控制单元及元件故障

驱动电机的运行不只依靠电机控制器，还需要整车构建起一个完整的高压连接和控制系统，才能确保其正常运转。其中，高压绝缘、加速踏板位置传感器、制动开关状态、系统故障及故障等级出现异常状态，将导致电机控制器起动功率保护功能，限制驱动电机功率输出。

根据电机控制器工作原理及整车控制原理可知，引起驱动电机功率不足的其他因素有以下四点：

（1）加速踏板位置传感器线路开路、虚接、自身故障；
（2）制动开关线路互相短路、自身故障（内部触点常闭）；
（3）电机控制系统存在低等级故障及故障码，如温度、绝缘状态异常；
（4）其他功能性限功率故障。

任务三　驱动电机间歇性工作故障诊断

学习目标：

1. 知道驱动电机的控制原理
2. 能够根据电路图绘制驱动电机控制系统拓扑图
3. 能够全面准确分析驱动电机间歇性工作故障可能原因
4. 能够根据电路图检测驱动电机线路

驱动电机间歇性
工作故障诊断

5. 形成安全生产、环境保护与节能意识

4.3.1 驱动电机间歇性工作的故障诊断

驱动电机间歇性工作的可能原因有以下两点：

（1）驱动电机插接件故障（即时而正常，时而不正常）；

（2）电机控制器插接件故障。

4.3.2 驱动电机插接件故障

驱动电机间歇性工作，若从驱动电机插接件的工作原理方面进行分析，主要有以下两个原因：

（1）驱动电机高压插接件主要是给驱动电机供电的。虽然有互锁电路，但仍有可能因破损、锈蚀、高温和振动而引起插接件接触不良（这种故障概率比较小）；

（2）驱动电机低压插接件主要是传输传感器信号，信号线接触不良，就会导致驱动电机运转等信号无法持续接收，就有可能出现驱动电机间歇性工作。

4.3.3 电机控制器插接件故障

驱动电机间歇性工作，若从电机控制器插接件的工作原理方面进行分析，主要有以下两个原因：

（1）电机控制器高压插接件分别连接动力电池、驱动电机与IGBT模块间的供电线路。虽然有互锁电路，但仍有可能因破损、锈蚀、高温和振动而引起插接件接触不良（这种故障概率比较小）；

（2）电机控制器低压插接件主要传输传感器和检测模块的信号。如果信号线接触不良，驱动电机将起动保护模式，就可能导致驱动电机运转信号无法持续接收，出现驱动电机间歇性工作。

任务四　驱动系统温度异常故障诊断

学习目标：

1. 掌握驱动系统温度异常可能原因的分析和故障检测方法
2. 能够根据故障现象和电路图，分析驱动系统温度异常的可能原因
3. 能够根据温度传感器的特性和电路图进行故障检测
4. 养成实事求是、认真负责的工作作风
5. 培养良好的绘图能力、动手能力和观察能力

驱动系统温度异常故障诊断

4.4.1 驱动系统温度异常的故障诊断

驱动系统温度异常的可能原因主要有以下两点：
（1）驱动电机自身温度异常；
（2）电机控制器温度异常。

4.4.2 驱动电机自身温度异常

驱动系统温度异常，若从驱动电机自身进行分析，主要有以下五个方面的原因：
（1）驱动电机长时间高负荷工作且冷却系统的工作效率小于驱动电机的发热率；
（2）驱动电机运行内阻过大，造成运行时产生过多的热量，驱动电机温度上升；
（3）冷却系统发生故障，如冷却水泵或冷却风扇及其相关电路异常，导致模块无法正常散热；
（4）驱动电机温度传感器发生故障，导致主控制模块无法正确获取驱动电机的温度或获取的温度信号错误，造成主控制模块对冷却系统错误的控制，并使主控制模块进入功能性保护状态，即停止对驱动电机的控制；
（5）驱动电机缺相，驱动电机某一相停止工作，其余两相高负荷工作，电流变大，发热量增大，自然导致驱动电机温度异常。

根据驱动电机的结构及其工作原理可知，由驱动电机自身温度异常引起驱动系统温度异常的因素有以下六点：
（1）冷却水泵控制线路开路、虚接、自身故障；
（2）冷却风扇控制线路开路、虚接、自身故障；
（3）驱动电机温度传感器线路开路、虚接、自身故障；
（4）温度采集模块连接线路开路、虚接、自身故障；
（5）驱动电机绕组开路、虚接、短路故障；
（6）驱动电机转子弯曲、转子轴承过度磨损，造成运动阻滞。

4.4.3 电机控制器温度异常

驱动系统温度异常，若从电机控制器的角度进行分析，主要有以下四个原因：
（1）驱动电机长时间高负荷运转，造成电机控制器长时间大功率、高电流工作，同时冷却系统的工作效率小于主控制模块的发热率，导致电机控制器温度异常。
（2）冷却系统发生故障。如冷却水泵或冷却风扇及其相关电路异常，导致电机控制器无法正常散热。
（3）IGBT温度传感器发生故障，导致主控制模块无法正确获取IGBT工作温度或获取的温度错误，造成主控制模块对冷却系统错误控制，且可能导致主控制模块进入功能性保护状态，即停止电机驱动控制。
（4）IGBT功率管：当IGBT模块中的某个IGBT功率管损坏或电机缺相时，导致驱动电机某一相停止工作，驱动电机其余两相高负荷工作，电流变大，导致其余IGBT功率管负荷变大，发热量增大，造成电机控制器温度异常升高。

根据电机控制器的结构及其工作原理可知，由电机控制器温度异常引起驱动系统温度异常的因素有以下五点：

（1）冷却水泵控制线路开路、虚接或其自身故障；

（2）冷却风扇控制线路开路、虚接或其自身故障；

（3）IGBT温度传感器线路开路、虚接或其自身故障；

（4）温度采集模块连接线路开路、虚接或其自身故障；

（5）IGBT 控制线路开路、虚接或其自身故障。

4.4.4　驱动电机温度传感器的检测

根据驱动电机温度传感器的结构和工作原理可知，传感器信号为电压信号，选择新能源汽车专用万用表测试。

1. 测试步骤

（1）把新能源汽车专用万用表的正极检测探针连接到电机控制器端插接件BV11/7端子上。

（2）把新能源汽车专用万用表的负极检测探针连接到电机控制器端插接件BV11/6端子上。

新能源汽车维修用万用表的连接方法如下图所示。

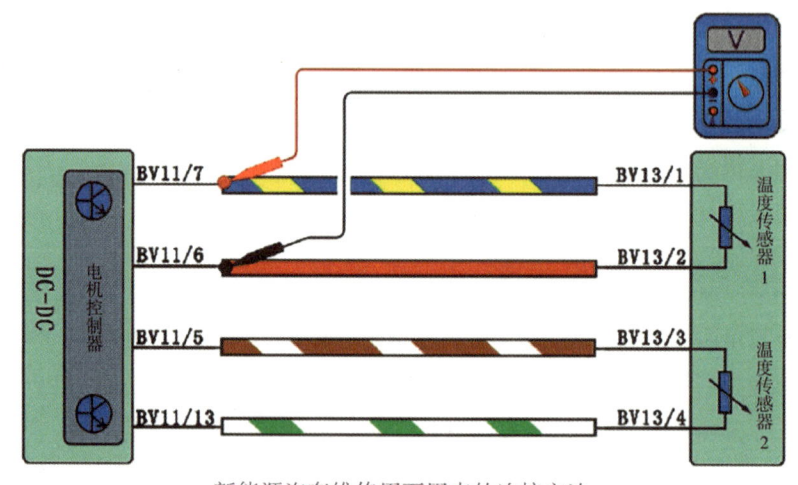

新能源汽车维修用万用表的连接方法

2. 测试结果分析

驱动电机运转时，随着驱动电机绕组温度的上升，传感器的信号输出电压逐渐下降，测得电压应该在0.5～4.2V的范围内，如果测得一端或两端的电压值与之不符，即表明存在故障，其可能原因有以下四种。

（1）传感器信号线路故障。
（2）传感器搭铁线路故障。
（3）传感器自身故障。
（4）电机控制器局部或供电电路故障。

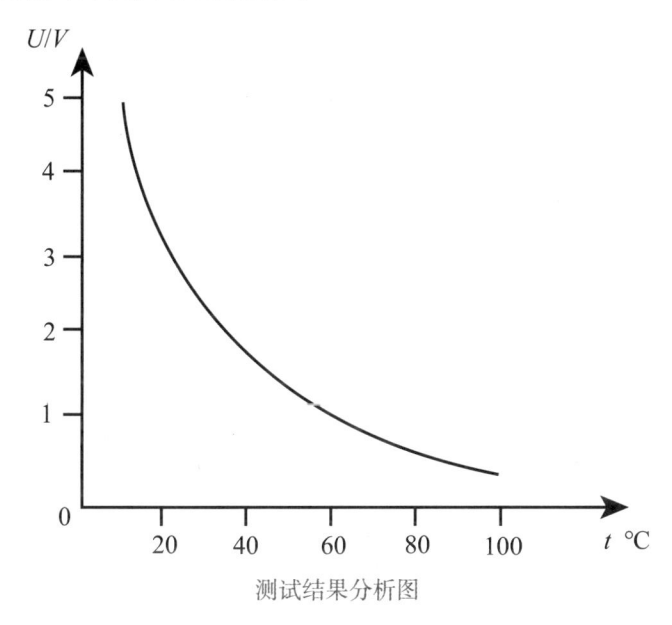

测试结果分析图

传感器安装在驱动电机内部，无法断开驱动电机端插接件，又根据传感器内部结构原理可知其传感器为热敏电阻形式，所以通过测试传感器引线端电阻可知线路及热敏电阻是否正常。

（1）拔下电机控制器端的连接线束。
（2）根据线束标注提示进行测量。
（3）测试电阻值参考如下。

当电机绕组温度为–40℃、20℃和85℃时，电阻值依次增加。

如果测试阻值误差较大，说明线路、传感器或接插器可能存在故障。

任务五　高压上电异常故障诊断

高压上电是根据驾驶员对点火开关的控制指令，进行动力蓄电池的高压继电器开关控制，以完成高压设备的电源通断和预充电控制。高压上、下电控制流程图如下图所示，从图中可以看出高压上电、下电流程就是协调各相关部件的上电、下电流程，包括MCU、BMS等部件的供电，预充继电器、主继电器的吸合和断开时间等。

高压上电异常的故障诊断

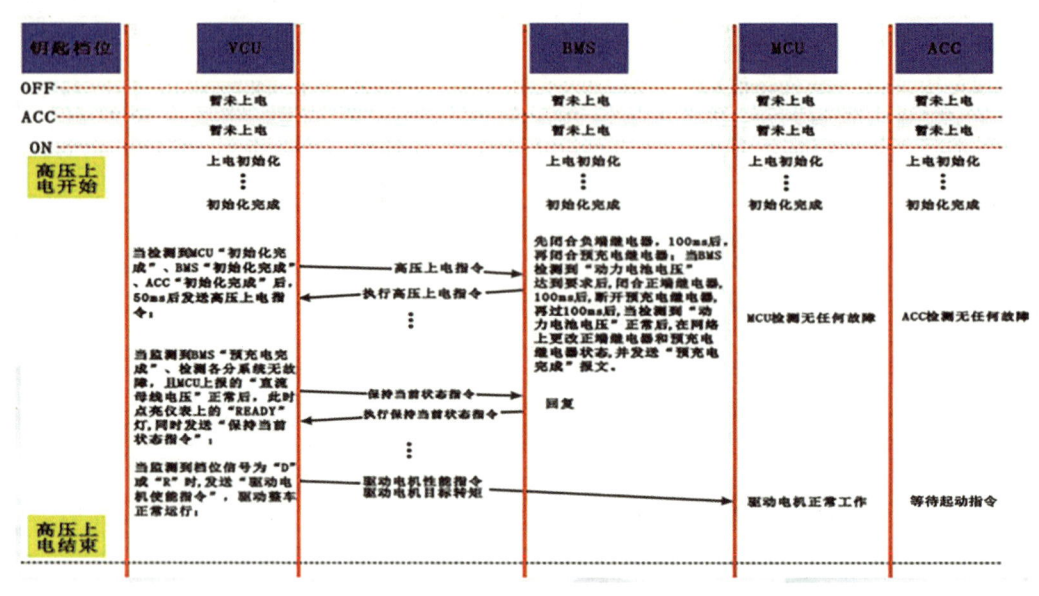

高压上电、下电控制流程图

第①步是防盗验证过程：车匙通过天线将信号与电池管理控制器BCM进行验证（其方式与传统车一致）。

第②步是起动过程：就是打开点火开关，将起动信号输入给BCM。

第③步是起动请求的执行过程：BCM将起动的信息再次发送给整车控制器VCU，请求起动汽车。

第④步是低压电信号验证过程：整车控制器验证碰撞信号、刹车开关信号等重要信号。

第⑤步是高压电控制过程：通知BMS及MCU准备上高压。

第⑥步是高压电池信号验证：包括电压、温度、绝缘。

第⑦步是预充电过程：动力电池负极继电器和预充继电器导通，直到电机控制器MCU的电容上电90%，预充电结束。

第⑧步是正极继电器工作过程：预充电结束，正极继电器导通。

第⑨步是READY灯点亮：BCM通知READY灯点亮。

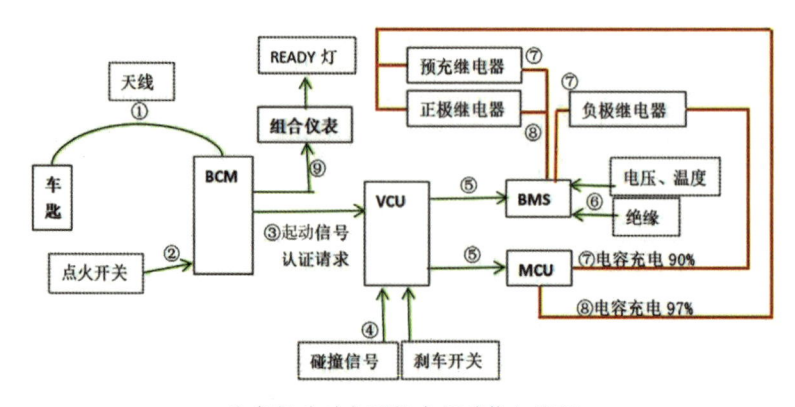

汽车起动时主要的内部动作与流程

因此高压上电时的工作步骤是，当钥匙置于ON挡，VCU被唤醒，VCU自检完成之后，向CAN线发送第1帧报文请求闭合高压互锁回路，同时唤醒MCU和BMS，BMS自检正常后监控互锁回路信号，检测高压回路绝缘状况，检查动力电池SOC状态，以及内部单体电压和电池温度，判断整车当前的充电模式或是行车模式，符合高压上电条件后，执行上电程序。

接下来，我们学习高压上电异常的常见故障现象、原因分析及检修方法。

高压上电异常故障有以下三种。

高压上电异常故障一：

（1）故障现象。踩下制动踏板，打开点火开关，整车进入防盗模式，整车可运行指示灯（READY）不点亮，汽车无法上电运行。

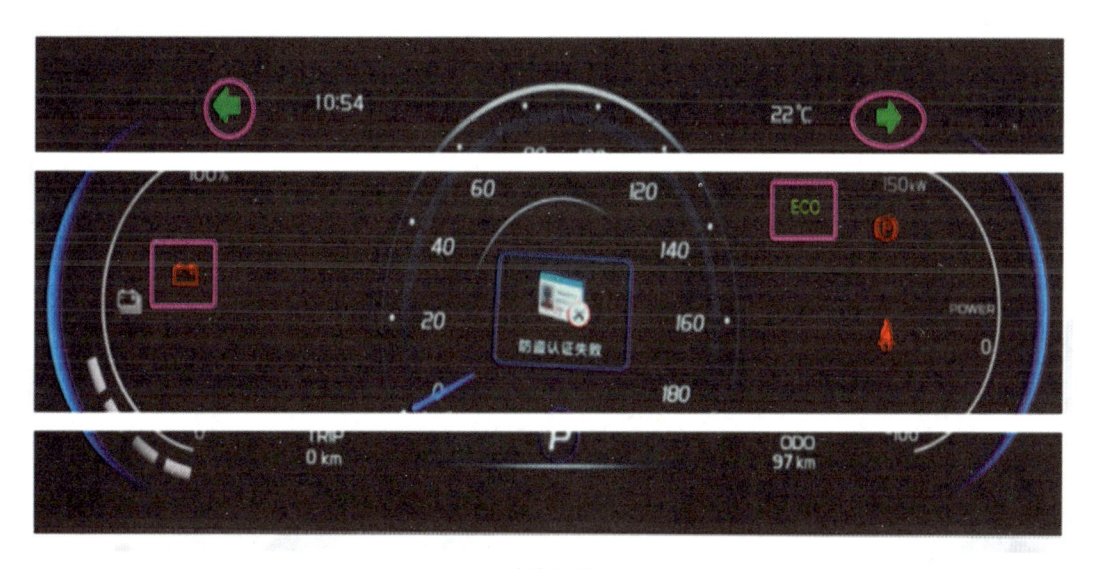

故障现象

（2）故障原因。结合汽车进入防盗模式的现象，可分析出在钥匙认证过程中没有成功，从而导致高压上电失败，说明BCM通过V-CAN网络系统与VCU进行信号认证失败，可能原因是与VCU进行通信的V-CAN-H、V-CAN-L信号及线路断路、虚接、短路故障。

（3）故障排除。首先使用诊断仪读取故障码，然后用示波器读取V-CAN-H信号、V-CAN-L信号的波形。

高压上电异常故障二：

（1）故障现象。踩下制动踏板，打开点火开关，整车可运行指示灯（READY）不点亮，汽车无法上电运行。

故障现象

（2）故障原因。结合故障现象，说明汽车高压控制、驱动控制、动力蓄电池及VCU出现严重故障，造成高压不上电。需对高压控制、驱动控制等进行检修。

（3）故障排除。先检查高压互锁回路是否正常，然后使用万用表检测电池组高压回路，排除短路、断路的可能；检查通信模块的线束和插接件是否正常，再检查低压蓄电池电压等是否正常。

高压上电异常故障三：

（1）故障现象。踩下制动踏板，打开点火开关，整车可运行指示灯（READY）能够点亮，但汽车无法上电运行。

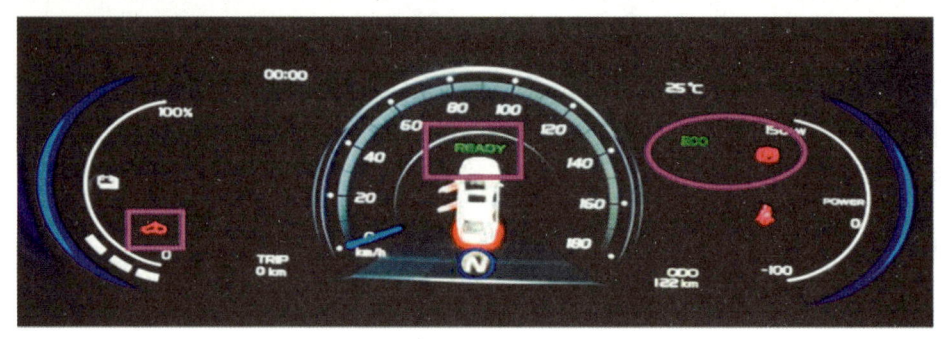

故障现象

（2）故障原因。结合故障现象，说明高压电路基本正常，可能是驱动电机或MCU出现故障，导致高压不上电。

（3）故障排除。使用诊断仪分别读取汽车诊断数据和故障信息，使用万用表检测驱动电机及电机控制器（MCU）的高压控制回路。

高压上电异常的检测流程：

① 检查低压蓄电池电量是否正常；

② 检查仪表上的动力电池电量是否正常；

③ 检查各高压部件高压绝缘是否正常；
④ 检查高压互锁回路是否正常；
⑤ 检查VCU、MCU、BMS及CAN通信相关电路是否正常；
⑥ 检查负极、预充接触器是否正常；
⑦ 检查负极接触器控制回路是否正常。

小结：
导致高压上电异常的可能原因很多，主要有绝缘故障、通信模块故障、互锁回路故障、相关接触器控制回路故障、动力电池电量过低等。

请同学们完成下面的思考题：
造成VCU电源异常故障的原因有哪些？

任务六　换挡异常故障诊断

新能源汽车整车控制器根据挡位信号、加速信号、制动信号控制电机起动运行、进退速度、爬坡力度等行驶状态，挡位控制关系驾驶员的安全，如果挡位控制出现异常，会影响到汽车安全性，因此掌握检修换挡异常的故障诊断方法很重要。

换挡异常故障诊断

一辆新能源汽车，客户反映对挡位进行切换，挡位一直显示为P挡，并且无法切换至其他挡。经检查是换挡控制机构出现问题，请维修技师排除该故障。

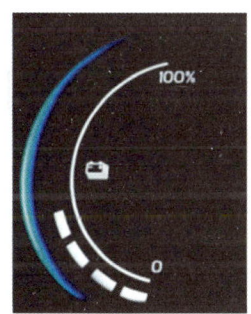

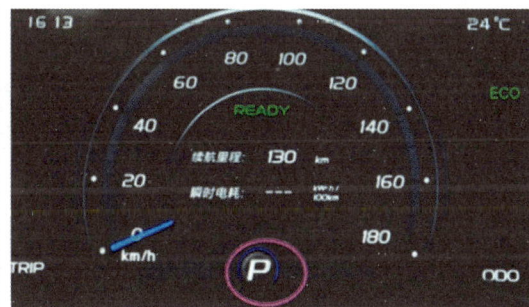

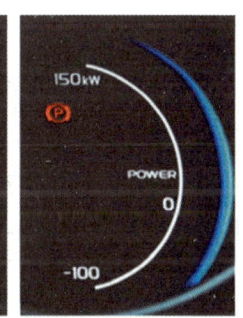

挡位一直显示P挡

1. 换挡控制原理

挡位控制关系驾驶员的安全，应正确理解驾驶员的意图，正确识别汽车的挡位；在出现故障时做出相应的处理，保证整车安全；在驾驶员出现换挡误操作时，通过仪表等提示驾驶员，使驾驶员能迅速做出纠正；挡位控制结构图及主要部件如下图所示。

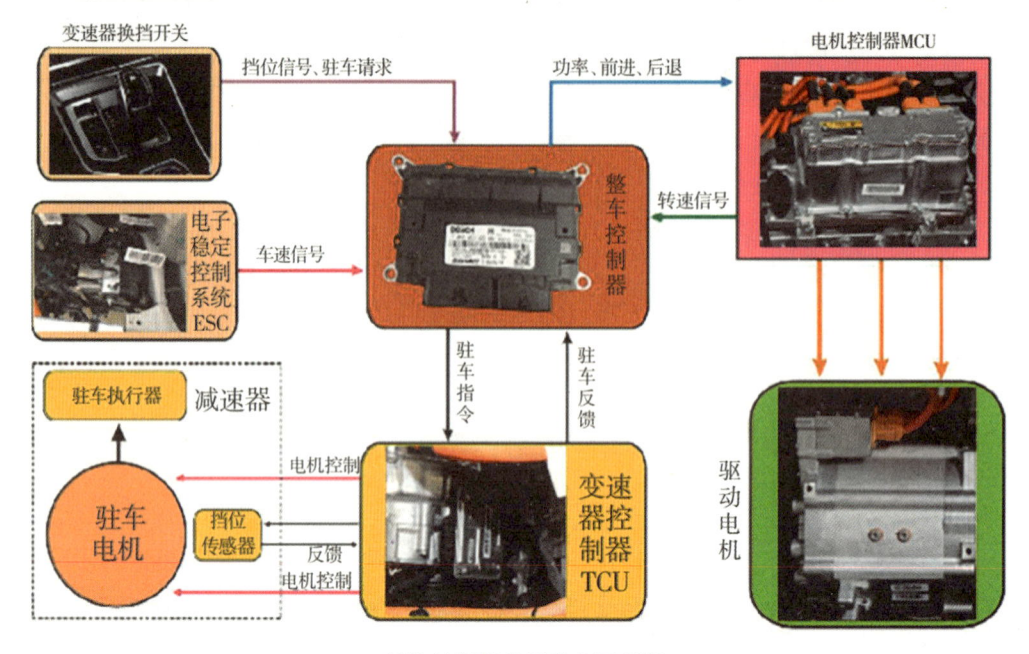

挡位控制结构图及主要部件

挡位传感器和挡位控制单元组合为一体，由控制单元、旋转磁铁、霍尔元件组成，挡位传感器将信号输入给挡位控制单元，挡位控制单元通过信号线与VCU通信，传输挡位信号。

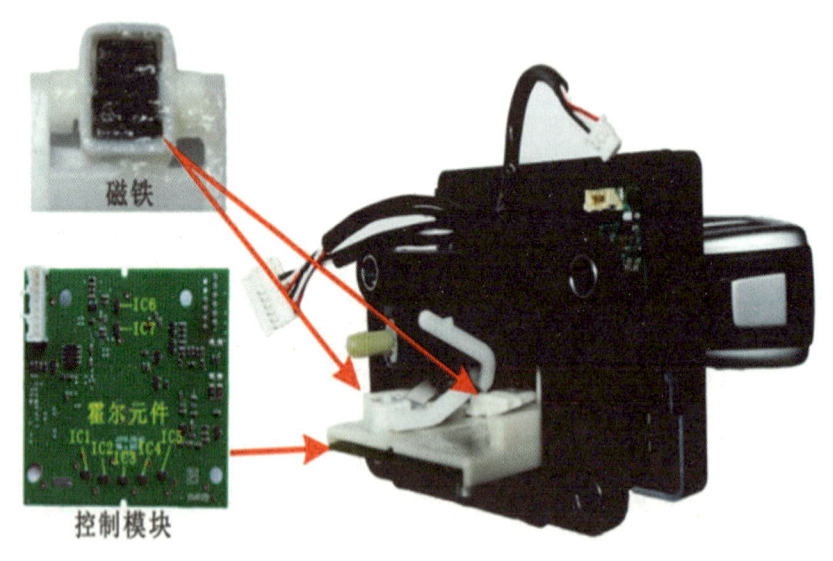

换挡控制装置连接图

挡位传感器利用霍尔传感器编码原理，实现挡位识别。当变速杆移动，带动触发器（磁铁）移动时，触发器（磁铁）给霍尔芯片施加磁感应强度，产生霍尔电压，挡位传感器和挡位控制单元检测霍尔芯片的电压，并将这些电压解码，和内部存储的挡位图进行对比，即可判知当前所处的挡位，并将这些挡位信号发送至VCU。VCU内部处理运算后，把驱动电机控制信号通过CAN总线发送给MCU，控制驱动电机工作。

2. 换挡异常的故障现象及原因分析

常见的换挡异常故障有以下三种。

换挡异常故障一：

（1）故障现象。汽车正常上电后，踩下制动踏板，对挡位进行切换，挡位一直显示为P挡，并且无法切换至其他挡位。

（2）故障原因。结合故障现象，以及变速杆挡位信号工作原理可知，导致换挡异常的原因可能是变速杆自身故障。

（3）故障排除。首先结合变速杆挡位信号及故障码，先诊断检修变速杆电路故障，诊断检修完成后，再检修变速杆自身机械故障。

换挡异常故障二：

（1）故障现象。汽车正常上电后，踩下制动踏板，对挡位进行切换，仪表上的挡位指示灯一直闪烁，并且无法切换至其他挡位，同时整车系统故障指示灯点亮。

（2）故障原因。结合故障现象，以及变速杆挡位信号工作原理可知，导致换挡异常的原因可能是以下一项或者多项造成的。

① 变速器变速杆或其控制电路的电源断路、虚接、短路故障；

② 变速器变速杆与变速箱连接件故障或电路断路、虚接、短路故障；

③ 变速器变速杆P-CAN线路断路、虚接故障。

（3）故障排除。首先结合变速杆挡位信号及故障码，用示波器和万用表诊断故障点，找到原因排除变速杆的电路故障。

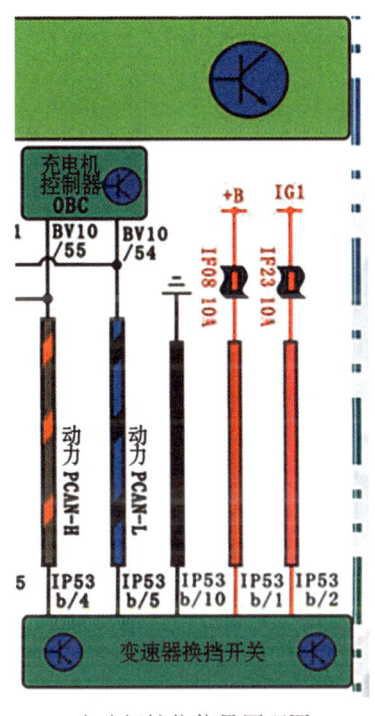

变速杆挡位信号原理图

换挡异常故障三：

（1）故障现象。汽车正常上电后，踩下制动踏板，对挡位进行切换，挡位只能从P挡切换至N挡，而无法切换至D挡或R挡，同时整车系统故障指示灯、动力蓄电池故障指示灯和驱动电机故障指示灯点亮。

（2）故障原因。该故障现象说明高压系统或低压系统存在严重故障，导致汽车起动禁止行驶功能，致使汽车无法切换至D挡或R挡。

（3）故障排除。结合故障指示灯和故障码，先检查汽车的故障，再对挡位进行换挡验证。

换挡异常的检测流程：

① 使用诊断仪读取故障码及数据流是否正常；

② 检查变速杆自身是否正常；

③ 检查变速杆挡位控制器电源、接地电路是否正常；

④ 检查VCU显示状态（内部挡位信号处理、显示）是否正常；

⑤ 检查仪表显示状态（内部挡位信号处理、显示）是否正常；

⑥ 检查VCU与仪表通信是否正常。

小结：

导致换挡异常的可能原因是变速杆故障、变速杆挡位控制器供电、搭铁及信号故障，以及VCU与仪表之间的通信故障等。

请同学们完成下面的思考题：
新能源汽车变速器换挡的检测项目有哪些？

任务七　加速异常故障诊断

一辆新能源汽车，客户反映踩下加速踏板无反应，仪表上显示"车辆进入跛行状态"，汽车无法加速。经检查是汽车的加速功能出现了问题，请维修技师排除故障。

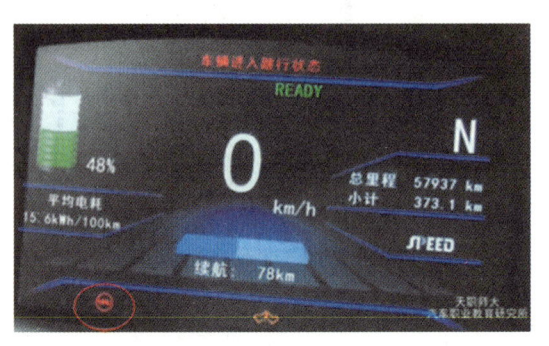

加速异常故障诊断

仪表上显示"车辆进入跛行状态"

1. 加速控制的工作原理

驾驶员的加速、减速等驾驶意图是由整车控制器VCU解析并通过电机控制器驱动电机完成的。整车控制器VCU通过整车状态信息（加速踏板位置传感器、制动踏板位置传感器、当前车速和整车是否有故障信息等）来判断出当前的驾驶动作（如起步、加速、减速、匀速行驶、跛行、限车速、紧急断高压）。整车控制器VCU根据整车工况、动力电池系统和电机驱动系统状态计算出当前汽车需要的转矩，从而驱动电机行驶。

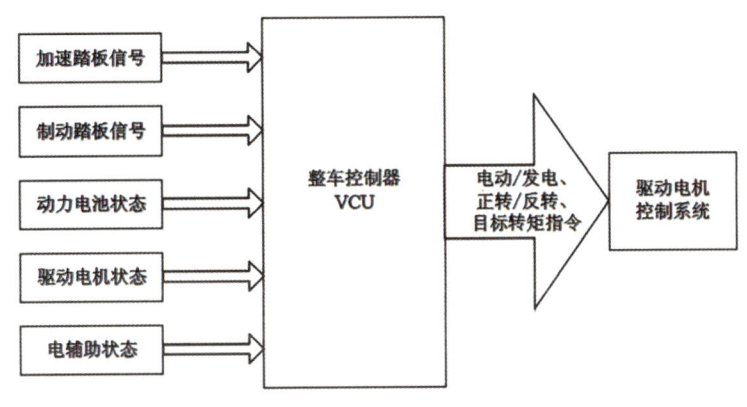

加速控制工作原理图

2. 加速异常的故障现象及原因分析

加速异常故障一：

（1）故障现象。踩下制动踏板，一键起动开关上的绿色指示灯，挡位可以切换到D挡或R挡，释放EPB，仪表上的驻车制动警告灯熄灭，松开制动踏板，踩下加速踏板，此时汽车不行驶。

（2）故障原因。结合故障现象，汽车正常换入D挡，说明整车换挡控制器工作正常，换入D挡后，踩加速踏板，EPB不自动解锁，汽车无法行驶，说明由于VCU存在限制行驶的严重故障，致使汽车无法行驶，但结合高压系统已上电，说明整车高压系统里的MCU、BMS、VCU、DC-DC功率变换器、OBC、空调系统、高压互锁、高压绝缘等高压控制正常。而要让汽车行驶，除了高压系统，还需要制动踏板信号、挡位信号、加速踏板信号，其中挡位切换及信号显示正常，因此故障可能是加速踏板信号或制动踏板信号出现异常导致的。

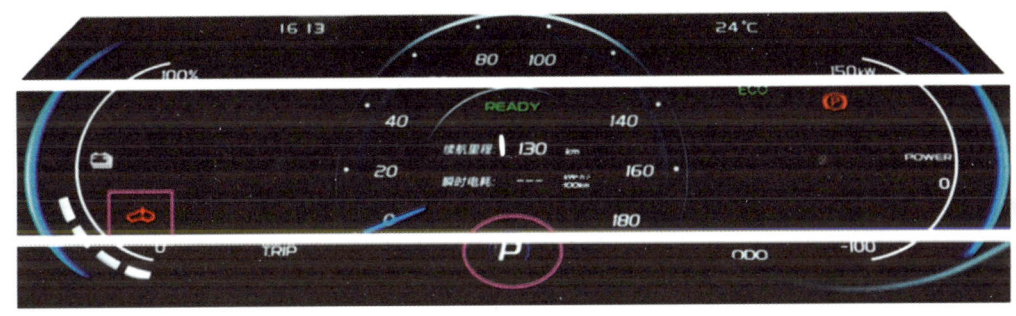

系统故障指示灯

加速异常故障二：

（1）故障现象。汽车正常上电后，踩下制动踏板，挡位切换到D挡或R挡，释放EPB，仪表上的EPB警告灯熄灭，松开制动踏板，踩下加速踏板，汽车可行驶，但加速时的速度无法超过6km/h，同时右侧的能量回收条闪烁。

（2）故障原因。无法加速，但仪表上的限功率指示灯没有点亮，说明驱动系统及动力蓄电池系统高压绝缘、温度基本正常，因此可能是汽车起步、加速控制信号出现异常或条件不满足导致的。

加速异常的检测流程：

① 观察中控显示屏，踩下制动踏板，将汽车挡位切换到D挡，松开制动器，踩下加速踏板，确认故障现象。

② 汽车基本检查：关闭起动开关，拆下低压蓄电池负极，打开前机舱盖，穿戴好个人防护用具，检查控制单元及线束插头是否存在松动、破损、进水、受潮等现象。

③ 关闭点火开关，连接诊断仪，打开点火开关，读取故障码，如果有故障码，针对故障码的指示进行检测。如果无故障码，读取加速踏板位置传感器的信号。

④ 使用万用表和示波器检查加速踏板位置传感器工作是否正常：检查加速踏板位置传感器的供电、接地，以及信号波形是否正常。

⑤ 检查动力电池剩余电量、温度是否正常：若检查电量不足，检查充电系统正常后给动力电池充电，若温度过高，按厂家维修手册的要求进行处理。

⑥ 检查驱动电机温度是否正常，检查驱动电机冷却系统是否正常。

结合故障现象可知，汽车加速异常主要是以下一项或多项原因导致的：

① 加速踏板位置传感器供电故障、搭铁故障、线束及插接器损坏、传感器器件损坏。

② 动力电池系统故障：动力电池电量过低、动力电池温度过高、动力电池温度过低。

③ 驱动电机及控制系统故障：电机控制器温度过高、驱动电机温度过高。

④ 制动踏板故障：供电线路断路、虚接、对地短路（下游）故障，制动信号2线路断路、虚接、短路故障，制动开关自身故障，核心控制单元电路局部故障。

⑤ 加速踏板信号故障：加速踏板位置传感器1和2的电源、信号、搭铁线路中任务两条线路同时出现断路、虚接、短路故障。

请同学们完成下面的思考题：

加速踏板位置传感器的信号是怎么变化的？

任务八　冷却控制异常故障诊断

学习目标：

1. 掌握冷却控制的原理
2. 能够分析冷却控制异常的现象
3. 能够排除冷却控制异常的故障
4. 培养安全操作、严谨认真的职业态度

冷却控制异常故障诊断

案例：一辆电动汽车，客户反映仪表盘上的电机过热故障指示灯点亮，系统故障指示灯点亮，电机驱动系统故障指示灯点亮，仪表盘显示READY指示灯，中控显示轻微故障。换挡旋钮旋至D挡，汽车无法行驶。经检查是电机冷却控制出现问题，现在请求技师排除该故障。

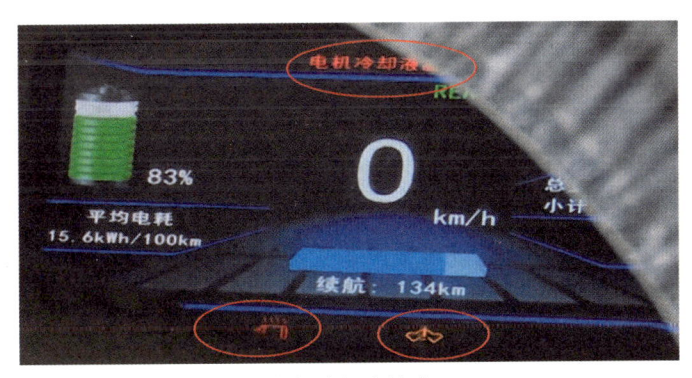

电机冷却液故障

1. 电动汽车驱动电机冷却控制原理

电机及其控制单元冷却系统包含冷却水泵、MCU、DC-DC功率变换器、OBC、驱动电机、散热器、冷却液循环管、储液罐等元件，控制系统包含VCU、冷却风扇、冷却风扇继电器、温度传感器（MCU内部）。其控制原理是当VCU实时监测MCU功率转换元器件的工作温度，如果超过预设的阈值（45℃），起动冷却水泵，对冷却液加压，冷却液在MCU、DC-DC功率变换器、OBC、驱动电机、散热器之间进行循环，对电控单元及驱动电机进行散热降温，当温度≥45℃时，冷却风扇低速运转；当温度≥78℃时，冷却风扇高速运转。

2. 冷却控制异常的故障现象及原因分析

冷却控制异常故障一：

（1）故障现象。在汽车运行过程中，冷却系统工作异常，导致车速无法提升（汽车限功率)。

(2)故障原因。结合以上故障现象,如果仪表上出现驱动电机过热指示灯或跛行指示灯,但仪表上的可运行指示灯(READY)正常点亮,高压正常上电,汽车可以运行,说明整车系统只是功率被限制了,也就是驱动电机功率被限制,功率被限制的主要原因是整车电控系统为了防止其参与高压工作的元件的温度过高而损坏元件,导致安全事故的发生,因此在高压系统温度过高的情况下,要对系统采取必要的保护措施,其中二级为限功率,一级为高压断电或高压不上电。

结合以上故障现象可知,冷却控制异常主要是以下一项或多项原因导致的:

① BMS控制单元检测到动力蓄电池内部过温,造成系统过温保护。

② 动力蓄电池内部温度传感器自身、信号、搭铁控制电路、短路、虚接故障,造成系统过温保护。

③ MCU检测到电机绕组过温,造成系统过温保护。

④ 冷却水泵、PWM控制信号、搭铁、电源断路、虚接、短路故障,造成系统过温保护。

⑤ 冷却水泵继电器、控制信号、搭铁控制电路、虚接、短路故障,造成系统过温保护。

⑥ 冷却风扇(两个)、控制电源、搭铁控制电路、虚接、短路故障,造成系统过温保护。

⑦ 冷却风扇继电器(两个)、控制信号、电源断路、虚接、短路故障,造成系统过温保护。

打开前机舱盖,如果冷却水泵没有发出正常的"嗡嗡"工作声,说明冷却水泵控制电路有故障,应检查:

① 冷却水泵、搭铁控制电路、电源线路断路、虚接、短路故障。

② 冷却水泵继电器、控制信号、电源线路断路、虚接、短路故障。

如果两个冷却风扇都没有处于高速或低速运转状态,说明风扇控制电路有故障,应检查:

① 冷却风扇的高、低速继电器电源断路、虚接、短路故障。

② 冷却风扇的高、低速继电器线圈断路、虚接、短路故障。

冷却控制异常故障二:

(1)故障现象。在汽车进行充电的过程中,冷却系统工作异常,导致汽车充电受限,无法充电。

(2)故障原因。可能是冷却水泵、冷却风扇、风扇高低速继电器出现故障等原因。

冷却控制异常检测流程:

① 检查低压蓄电池电量是否正常。

② 检查动力电池电量是否正常。

③ 检查冷却风扇是否处于高速或低速运转状态。发现某一个冷却风扇不运转,其主

要是以下一项或多项原因导致的：冷却风扇故障；冷却风扇电机搭铁线路断路、短路、虚接故障；冷却风扇电机电源控制线路断路、虚接、短路故障。

④ 检查冷却水泵、搭铁、电源线路断路、虚接、短路故障。

⑤ 检查冷却水泵继电器、控制信号、电源线路断路、虚接、短路故障。

小结：

导致电机过热的故障原因主要有电机机械故障、电机温度检测回路故障、冷却液不足、散热器风扇不工作、冷却水泵不工作、电机负荷过大、电机工作电流过大等。

请同学们完成下面的思考题：

冷却控制出现故障的检测项目有哪些？

任务九　高压绝缘检测

一辆电动汽车，客户反映打开起动开关后听到"滴、滴、滴"的报警声音，仪表盘上部显示"绝缘故障"，仪表盘下部多个故障指示灯点亮，不显示"READY"，中控显示中度故障，换挡旋钮旋至D挡或R挡，汽车无法行驶。经检查是高压绝缘出现问题，请维修技师排除该故障。

高压绝缘故障诊断

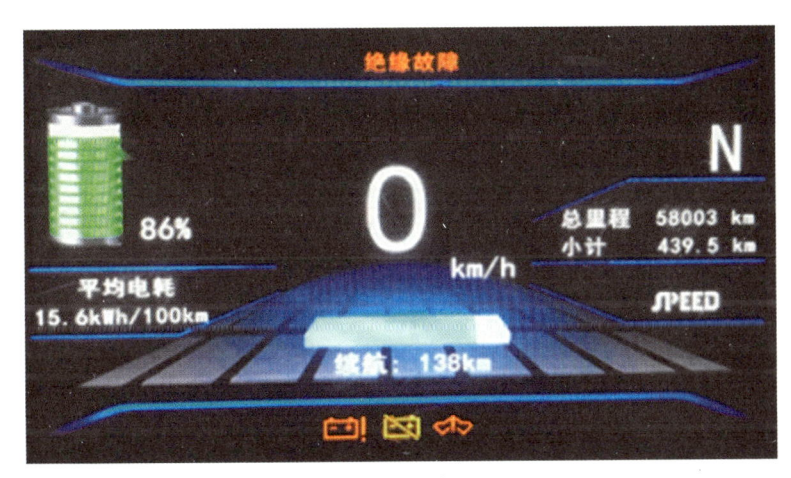

绝缘故障

1. 高压绝缘故障

由于电动汽车高压系统主要由慢充系统、DC-DC功率变换器、MCU、驱动电机、OBC、高压分配盒、空调系统、连接电缆等电气设备组成，高压电压一般在直流1000V以上，其中的直流电压大于60V且小于1500V，交流电压大于30V且小于1000V，这种电压会使人肌肉收缩、血压上升、呼吸困难甚至死亡。并且高压电缆线绝缘介质损耗或受潮湿环境影响等因素都会导致高电压线路和汽车底盘之间的绝缘性能下降，电源正、负极引线将通过绝缘层和底盘构成漏电流回路，使底盘电位上升，不仅会危及驾乘者的人身安全，而且将影响低压电气和VCU的正常工作。因此，实时、定时检测高压电气系统相对汽车底盘的电气绝缘性能，对保证驾乘者安全、电气设备正常工作和汽车安全行驶均具有重要意义。

电动汽车的绝缘状况以直流正负母线对地（车身）的绝缘电阻来衡量。绝缘电阻值R除以电动汽车直流系统标称电压U，结果应大于$1000\Omega/V$，才符合安全要求。

电动汽车整车高压回路主要由电池模组、MSD（手动维修开关）、继电器、高压线束及高压负载等组成，起动汽车后电池管理系统对整车高压回路进行绝缘检测，其工作原理：当检测到的绝缘电阻值低于系统设定的最低绝缘电阻值时，BMS将生成故障码，并与整车控制器通信，由组合仪表或中控显示屏来进行声音报警、文字提示和故障指示灯报警，同时封锁动力电池高压输出，使高压断电；当汽车出现绝缘报警时，表示此时汽车出现绝缘故障，必须马上进行故障排查，以免出现人身安全事故。

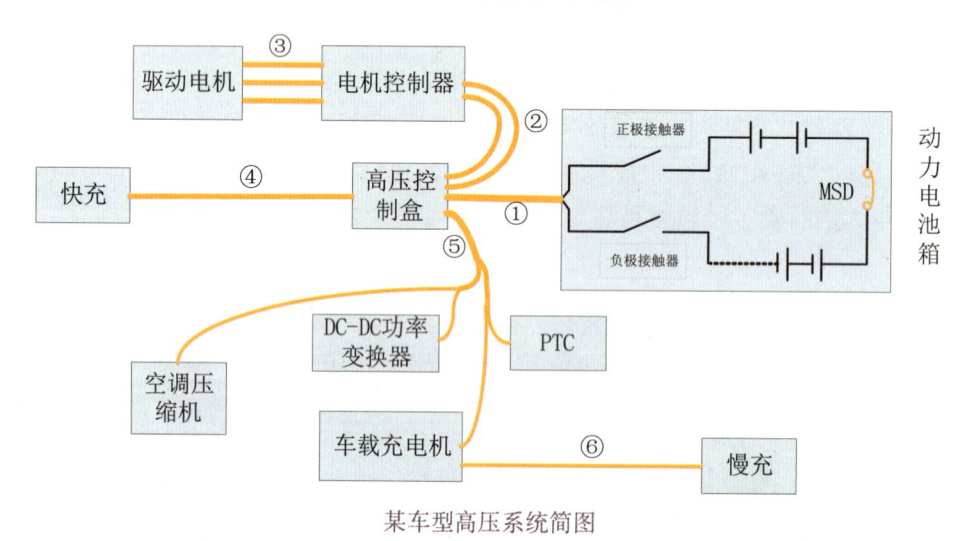

某车型高压系统简图

2. 高压绝缘异常的现象及原因分析

故障现象：起动汽车后，仪表盘上显示"绝缘故障"及多个故障指示灯。

故障可能原因有：

（1）高压部件绝缘故障：动力电池、高压控制盒、电机控制器、驱动电机、PTC、空调压缩机、DC-DC功率变换器、车载充电机、快充口、慢充口。

（2）各段高压线束及插接器绝缘故障：插接器受潮、老化、破损，高压正极、负极与车身接触。

例如，吉利EV450出现的"绝缘故障"检测流程：

（1）检查仪表及中控显示情况；

（2）检查高压部件外观，检查高压线束是否老化、破损、受潮；

（3）连接诊断仪，读取故障码；
（4）高压下电，进行绝缘检测；
（5）检测动力电池端高压线束插头上的总正、总负端子与车身之间的绝缘是否正常；
（6）检测电机控制器端三相动力线插头U、V、W端子与车身之间的绝缘是否正常；
（7）检测慢充口L、N端子与车身之间的绝缘是否正常；
（8）检修其他相关系统或部件。

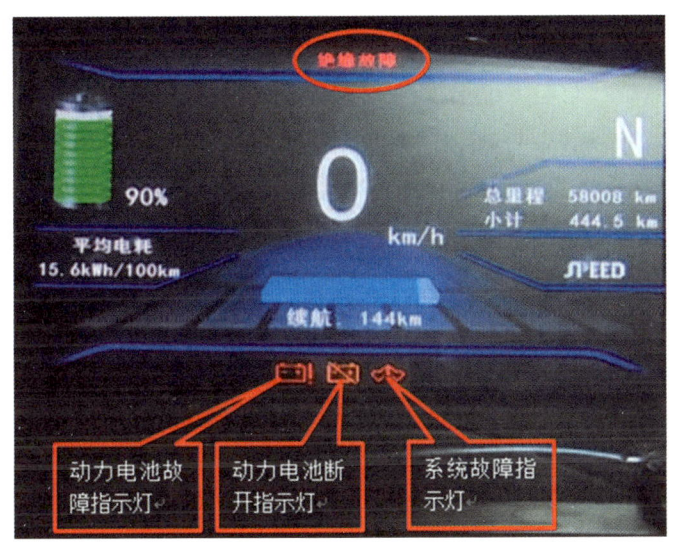

绝缘故障显示的例子（动力电池故障指示灯、动力电池断开指示灯、系统故障指示灯）

总之，电动汽车高压绝缘故障检测时应注意以下几点：
（1）动力系统的绝缘电阻为0.5kΩ/V；
（2）导致电动汽车高压绝缘故障的原因主要有高压系统和BMS绝缘检测系统故障；
（3）电动汽车绝缘检测系统无法对绝缘故障点进行定位，需要逐步进行人工排查；
（4）在进行高压系统的绝缘检测前，为了确保安全，一定要按照相应的高压安全操作规程进行作业，操作人员应按规定穿戴好防护用具，并检查工具的绝缘性。

请同学们完成下面的思考题：
高压安全绝缘电阻检测的方法是什么？

参考文献

[1] 周毅. 新能源汽车电机及传动系统拆装与检测[M]. 北京：机械工业出版社，2018.

[2] 夏令伟. 新能源汽车维护与检测诊断[M]. 北京：人民交通出版社，2018.

[3] 王瑜. 新能源汽车电力电子技术[M]. 北京：高等教育出版社，2020.

[4] 姜顺明. 新能源汽车基础[M]. 北京：北京大学出版社，2015.

[5] 崔金明，郑为民. 新能源汽车构造原理与维修[M]. 北京：化学工业出版社，2015.

[6] 包科杰，徐礼强. 新能源汽车维护与故障诊断[M]. 北京：人民交通出版社，2017.